Volker Schoßwald

Martin Luther King – der letzte Prophet

gewaltfrei, mystisch, effektiv

Schwabach 2018, 2022

*Wer gen Himmel schaut,
beugt den Rücken nicht.*
Bruder Benedikt Reklov, Münster Schwarzach, 2. Februar 2018,
Darstellung des Herrn

TWENTYSIX
Eine Marke der Books on Demand GmbH
© 2018 / 2022 Schoßwald, Volker (Text und Bilder) (3.Auflage)
Herstellung und Verlag:
BoD – Books on Demand, Norderstedt.
   ISBN: 9783740743802

»I have a dream«

V: »I have a dream« Ich habe einen Traum...
S: Papa! Ich habe einen neuen Freund. Er heißt Jim. Weißt du, was toll ist? Seine Eltern kommen aus Afrika...
V: Ich habe einen Traum: Eines Tages wird mein Sohn...
S: Papa! Ich habe auch eine neue Freundin. Sie heißt Li. Weißt du, was toll ist? Ihre Eltern kommen aus China...
V: Ich habe einen Traum: Eines Tages wird mein Sohn mit den Kindern von schwarzen und gelben Eltern spielen.
S: Papa: ich kenne ein tolles Lied: Gott hat alle Kinder lieb, jedes Kind in jedem Land...
V: Ich habe einen Traum, und er wird in Erfüllung gehen![1]

Sonderstempel 4.4.2018 und Martin Luthers Zuflucht

---

[1] Aus dem Reformationsgottesdienst in Beilngries 2004 mit meinem sechsjährigen Sohn Martin. Heute umgibt ihn ein multinationaler Freundeskreis.

1 Krieg und Pazifismus	5
1.1 Wo sind die Speichen?	5
1.2 Bonhoeffer und Gandhi	7
1.3 Kings Instrumentarium der Gewaltlosigkeit	9
1.4 Die Bedeutung der Medien	11
1.5 „Politisch korrekte" Sprache	12
1.6 Steinbruch für pazifistische Kreativität	12
Vorbemerkungen 2018	14
2 Christus ruft zum Widerstand	16
2.1 Mein Name ist...: Martin Luther	16
2.2 Ohne Bus von Montgomery nach Birmingham	21
2.3 Birmingham Sunday	23
2.4 Eve of Destruction	25
3 Auf dem Gipfel des Berges …	29
3.1 Antagonistische Ikonen	31
4 Mann-Act: Jack Johnson – Chuck Berry	35
5 Gott beruft zum Widerstand	39
5.1 Der Prophet und die Propheten	40
5.2 Der Mystiker und die Stimme des Herrn	43
5.3 Der Teufel ist noch da und er ist weiß	45
6 Vom Propheten zur Leadership	49
6.1 Busstreik: Rosa Parks bleibt sitzen	50
6.2 Attentat in Montgomery	53
7 Der gewaltlose Kampf geht weiter	55
7.1 King reist in Gandhis Land	57
7.2 Gandhi, Nazis, Friedensforschung …	60
7.3 Der Appell an das Gewissen	61
7.4 Die Sieger müssen sich selbst besiegen…	63
7.5 Gewaltlosigkeit und der Nobelpreis	66
7.6 Anthropologie: Teufel und Sünde	69
8 Gewaltfreier Widerstand – verantwortbar?	73
8.1 Kings Instrumentarium der Gewaltlosigkeit	74
8.2 Made in Germany	79
8.3 Die Medien	81
8.4 Der Pazifismus ist so obsolet wie Gott	85
8.5 Szenarien gegen die Gewaltspirale	86
8.6 Positionierungen	88
9 Konfrontation mit der Gewaltbereitschaft	90
9.1 Denn sie wussten, was sie taten: Malcolm X	90
9.2 Ku Klux Klan	93
9.3 Malcolm X trifft „Uncle Tom"	95
10 King und die 60er	98
11 Patrioten, Kriege und Vietnam	101
11.1 Kontrapunkt: Der Friedensnobelpreis	106
11.2 Der Tod	111
11.3 Facetten des Jahres 1968	113
12 Theologie der Hoffnung?	118
13 Prophet und Mystiker	124
Literatur:	130

1 Vorbemerkungen 2022 zu Krieg und Pazifismus
angesichts der derzeitigen Kriege
Bonhoeffer, Gandhi, King und der Frieden 2022

1.1 Wo sind die Speichen?

„Stell dir vor, es ist Krieg und keiner geht hin!" laute eine Parole der Friedensbewegung in den Siebzigern. Aber es ist Krieg, und Soldaten werden hingeschickt. Das passt zu jenem Fundament der evangelischen Kirche in die Deutschland, das nach dem Zweiten Weltkrieg und vor allem in den Siebzigern gemauert wurde: Frieden mit der Tendenz zu pazifistischen Lösungen. Schon ist ein neues Umdenken da: Wo keine Gefahr drohte, konnte man bequem waffenfreie Szenarien propagieren, aber jetzt? Jetzt tönen evangelische Stimmen mit einem weichen Gewissensrückgrat, dass man manchmal auch militärische Mittel ergreifen müsse. Der reale Krieg ist der Satan, der an Gottes Stelle überprüft, wie solide unsere Säulen sind. Echte Realisten sehen freilich, dass Kriege praktisch nie Probleme gelöst haben. Den Bösen darf man nicht einfach das Feld räumen. Aber welche Mittel lassen sich militärischer Gewalt entgegen setzen? Bevor ich die breite Geschichte Martin-Luther-Kings aufrolle, bringe ich einige Skizzen zu Bonhoeffer, Gandhi und King, die die Diskussion beleben sollen. Sie setzten in konkreten Konfliktsituationen auf gewaltfreie Wege, kamen jedoch an ihre Grenzen.

Wenn ein Wagen auf Menschen zurast und sie zu überfahren drohe, bestünde die Aufgabe der Kirche darin, „nicht nur die Opfer unter dem Rad zu verbinden, sondern dem Rad selbst in die Speichen zu fallen"[2], formulierte es Bonhoeffer angesichts des Wütens der Nationalsozialisten. Allerdings muss man zu einem Zeitpunkt handeln, an dem das Ergebnis, welches das Handeln rechtfertigen soll, noch nicht eingetreten ist, weil gerade dieses Ergebnis verhindert werden muss. Im Erfolgsfall sind die verhinderten Folgen nicht mehr beweisbar. Was ein Tyrannenmord verhindert hat, bleibt dann Spekulation.

Aufgrund des nationalsozialistischen Machtmissbrauchs wurde nach dem Krieg die Möglichkeit der „Kriegsdienstverweigerung" in der BRD festgeschrieben. Doch als Kriegsdienstverweigerer musste ich 1973 begründen, weshalb ich es nicht verantworten könne zu töten. **Nicht-Töten musst du rechtfertigen, Töten nicht**... Wie absurd! Dabei war das Töten um einer angeblich gerechten Sache willen stets begleitet von unzähligen Kriegsverbrechen durch Militärs. Der „gerechte Krieg" als Realität ist eine Lüge.

---

[2] "Die Kirche vor der Judenfrage" (1933) (Werke Bd. 12. S. 353)

Meine Gewissensprüfer konfrontierten mich damit, dass ich mit meiner Freundin durch den Wald ginge, überfallen würde und sie nur retten könnte, wenn ich den Angreifer erschieße. Sie bezweifelten nicht, dass ich selbstverständlich den Angreifer erschießen würde, um meine Freundin zu retten. Dabei unterstellen sie, dass ich immer eine Waffe bei mir trage. Hätte ich nun aber trotz aller Unmöglichkeiten den Angreifer in Nothilfe erschossen, würde mir der Prozess gemacht und ein gewiefter Jurist könnte mich fragen, woher ich denn gewusst hätte, dass der Angreifer nicht nur gedroht hätte und letztlich doch nicht geschossen hätte. Dann hätte ich ihn ohne wirklichen Grund getötet.

Hier sind wir bei einem klassischen Dilemma: Niemand weiß vorher, ob ein Angreifer seine üblen Absichten auch verwirklicht oder dann doch im letzten Augenblick zurückzuckt. Wie ist das mit dem „in die Speichen fallen" heute? Tyrannenmord? Bei Hitler wissen wir, wie die Historie weiter ging. Wie wäre es bei einem erfolgreichen Attentat im August 1938 weitergegangen. Die reale Geschichte nötigt, den Tyrannenmord in den Blick zu nehmen. Aber heute? Wie stellt es sich bei Putin und Russland 2022 dar?

Die dreißiger Jahre warnen. Viele derzeitige politische Analysen verzichten auf anthropologische Aspekte. Als Argumente für das Erstarken der Faschisten in der BRD (und mit Blick auf Trump in den USA) verweist man gerne auf die soziale Schere, weist man auf Menschen, die sich abgehängt fühlen. Die AfD verfügt über besonders viele Wähler in den Regionen, in denen kaum Flüchtlinge untergebracht waren. Offenbar liegen andere Gründe vor als die plakative Fremdenfeindlichkeit. Offenkundig genießen es manche, endlich böse sein zu dürfen.[3] **Das Böse steckt in den Menschen**, es will auch heraus. Diese anthropologische Komponente ist nicht zu negieren. Putin ist nicht abgehängt und doch böse.

Bonhoeffer unterschätzte lange die reale Gefahr der NSDAP und traute auch seinen braunen Mitmenschen nicht jene gnadenlose Menschenfeindlichkeit zu, die bald zur Staatsideologie wurde. Zu spät realisierte er, man müsse dem Rad in die Speichen fallen. Das Rad hatte schon Millionen überfahren.

Manche realisierten das Böse schneller, weil sie über einzelne Ereignisse erschraken. Der bayerische Pfarrer Karl Steinbauer, zunächst den Nationalsozialisten der sozialen Problematik wegen nahestehend, las in der Zeitung, wie Nazis in Ostpreußen einen Kommunisten in dessen Bett totgetrampelt hatten. Damit war für ihn der Ofen aus. „Das geht zu weit!"

---

[3] Beatrix von Storch, Galionsfigur der AfD ist Enkelin von Johann Ludwig Graf Schwerin von Krosigk, Finanzminister im „Dritten Reich".

klänge zu diplomatisch. Nein, so geht es nicht! Das ist gegen Gottes Willen! Das ist das Werk des Teufels! Und die Täter sind des Teufels!

Gibt es einen geistigen antifaschistischen Schutzwall?[4] Gute Gedankenanstöße gegen die Herrschaft des Bösen über die Seelen bieten Jesu Seligpreisungen.

Der Mann von Bonhoeffers Zwillingsschwester Sabine war „Jude". Die Nazis etikettierten seinen Schwager als „Juden", der dadurch vernichtungswürdig sei. Bonhoeffer reagierte schon 1933 mit einem Vortrag im nationalen Rundfunk, in dem er das Führerprinzip christlich relativierte.[5] Die Live-Übertragung wurde während der Ausstrahlung abgebrochen. Und heute in China, Russland und der Türkei?

Als am 6.9.33 die Evangelische Kirche den Arierparagraphen einführte, forderte Bonhoeffer von den „bekennenden" Pfarrern, aus der DEK auszutreten. Aber selbst der kritische Karl Barth sah noch Chancen in einer innerkirchlichen Diskussion. Wer sollte ihn tadeln? Wer den Weg des Friedens und der Versöhnung für den richtigen hält, darf nicht zu früh aufgeben, wenn auch aus heutiger Sicht Bonhoeffers Weg der angemessenere war. Enttäuscht gründete Bonhoeffer mit Martin Niemöller den Pfarrernotbund, um bedrohte Amtsbrüder jüdischer Herkunft zu schützen. Wie konnte auch nur ein einziger kirchlich Verantwortlicher, der sich zum Juden Jesus aus Nazareth als dem Heiland bekannte, Gegner oder Kritiker dieses Notbundes sein?!

1.2 Bonhoeffer und Gandhi

Bonhoeffer plante, in Indien von Gandhi Kompetentes zum Thema Pazifismus zu lernen. Einem aufgeschlossenen jungen Mann der 1920er-Jahre konnte Gandhi nicht entgehen. Die Studenten in Tübingen diskutierten 1924 lebhaft über den 55-jährigen Pazifisten. Bonhoeffers toughe Großmutter Julie wollte ihrem Enkel eine Reise zu Gandhi finanzieren. Dazu kam es nicht mehr, doch auf Friedenkonferenzen traf er Gandhis Mitarbeiter C.F.Andrews (*1871-+1940).

Gandhis berühmter gewaltloser Salzmarsch führte dazu, dass britische Soldaten unter den waffenlos demonstrierenden Indern ein Massaker anrichteten. Ihre braven „christlichen" Familien in England schämten sich. Der soziale Druck in England, nicht in Indien sorgte für ein Umlenken

---

[4] 1981 imponierte mir Sir Karl Popper (*1902) bei einem Vortrag an der Uni Tübingen mit seiner These, dass Wissenschaft direkt mit Demokratie korreliere. Wissenschaftliche Erkenntnisse lassen sich nicht autoritär herstellen. Er selbst emigrierte zu Bonhoeffers Zeit nach Neuseeland, was ihm das Überleben ermöglichte – zu Lasten der österreichischen Intelligenz.

[5] Bethge, Bonhoeffer, S.57

der britischen Regierung. Doch diese Methode kann nicht in jedem Befreiungskampf erfolgreich sein. M. Eberling urteilt über Gandhis Rolle für die Unabhängigkeit Indiens vom britischen Weltreich: „Eine totalitäre Diktatur hätte eine zarte Figur im Lendenschurz wie ihn einfach zerbrochen und ausgelöscht. Aber in einer Demokratie mit einer kritischen Presse – und wenn sie auch eine rassistische, imperialistische Klassengesellschaft wie das Britische Empire war – konnte dieser stete Tropfen des gewaltfreien Widerstands jedoch letztlich das Joch der englischen Kolonialherrschaft brüchig werden lassen."[6] Leider zeugen Gandhis zeitgenössische Stellungnahmen zum Widerstand gegen den Holocaust von einer erschreckenden Unkenntnis. Vom gescheiterten gewaltfreien Widerstand in Polens Hauptstadt Warschau hatte er offenbar keine Ahnung.

Mitten im zweiten Weltkrieg bezog Gandhi Stellung zu „Hitler und Gewalt": „Was wird Herr Hitler mit seinem Sieg anfangen können? Kann er eine solche Machtfülle überhaupt verdauen? Ganz persönlich wird er die Welt mit so leeren Händen verlassen wie sein gar nicht allzu ferner Vorfahr Alexander der Große. Er wird den Deutschen nicht das Vergnügen an einem mächtigen Weltreich hinterlassen, sondern die Last, dieses Weltreich, das unter seinem eigenen Gewicht zusammenzubrechen droht, aufrechtzuerhalten. Sie werden nicht in der Lage sein, all die eroberten Nationen in einem Zustand ständiger Unterwürfigkeit zu halten."[7] Auf eine solche Situation setzen manche heute hinsichtlich der Ukraine: Die Russen können die Eroberung nicht durchhalten. Aber stimmt das? Die stalinistische UdSSR behielt ihre Stabilität immerhin bis 1990.

„Aber wie stehen wir zu der prophetischen Frage Bonhoeffers in Fanö 1934: 'Wer von uns darf denn sagen, dass er wüsste, was es für die Welt bedeuten könnte, wenn ein Volk - statt mit der Waffe in der Hand - betend und wehrlos und darum gerade bewaffnet mit der allein guten Wehr und Waffe den Angreifer empfänge?' 1981 standen betende polnische Arbeiter auf der Lenin-Werft in Danzig."[8] Eberts Hinweis auf den polnischen Widerstand gegen den UdSSR-geschützten polnischen Kommunismus hat ein Gewicht. Aber wie steht das russische Volk heute gegenüber seinem Präsidenten da? Die Leser werden klüger sein als der Autor beim Schreiben. Doch die „Russen", denen ich in Nürnberg beggne, grade die

---

[6] M. Eberling: Mahatma Gandhi – Leben, Werk und Wirkung, S. 7
[7] Gandhis Artikel "How to combat Hitlerism" aus „Harijan" am 6.4.40 in Theodor Eberts Übersetzung 1995
[8] Theodor Ebert, Bonhoeffer und Gandhi - Oder: Hätte sich der Hitlerismus gewaltfrei überwinden lassen?

junge Generation, unterstützt erstaunlich vehement Putin mit seinem Krieg und hält Stalin für einen großen Russen.

Zurück zu Bonhoeffer. Ebert bedauerte, dass er in der konkreten Situation zum bewaffneten Widerstand überging: „…damit hörte er auf, auf diesem Felde kreativ zu sein. Die mentale Blockade ging meines Erachtens sogar soweit, dass er gar nicht mehr wahrnahm, was in seiner unmittelbaren Umgebung sich auf dem Felde der gewaltlosen Aktion ereignete."[9] Dazu verwies Ebert auf den sog. „Rosenstraße-Protest". 1943 (!), in der brutalsten Phase des Krieges und des Völkermords wurden „Juden", die in der Rüstungsindustrie noch „arbeiteten", verhaftet und nach Auschwitz verschleppt. Tausende von „deutschen" Frauen demonstrierten in der Berliner Rosenstraße gegen die Deportation ihrer Männer. Nach einer Woche ließen die Nazis die Verhafteten frei und brachten einige sogar aus Auschwitz zurück.

Allerdings, das übergeht Ebert, kennen wir sehr viele gescheiterte Versuche. Dabei warf er Bonhoeffer vor, nicht kreativ in Richtung gewaltfreiem Widerstand weitergedacht zu haben. Dieser aber regte zum Beispiel einen „Beerdigungsstreik" an und scheiterte dabei nicht an den Nazis, sondern an den stupiden kirchenleitenden Personen. Die superklugen Hierarchieros bezweifelten die Erfolgsaussichten. 1941 erwies sich diese Maßnahme in Norwegen als erfolgreich. Ob er da heute in der Kirchenleitung auf andere Charaktere träfe?

1.3 Kings Instrumentarium der Gewaltlosigkeit

Aus den Vorgeschichten vor allem von Gandhi konnte Martin Luther King – dessen Vater sich zur Zeit von Bonhoeffer in Berlin aufhielt - Konsequenzen ziehen. Sein Instrumentarium im gewaltfreien Widerstand bestanden vor allem aus Demonstrationen, Streiks, ökonomischem Druck, Sit-ins und Kneel-ins.

Beim **Kneel-In** zogen Demonstranten nach einem Auftaktgottesdienst durch die Straßen. Zwischendurch knieten sie nieder, um zu beten. Ließen sie sich dabei auslachen? Oder beeindruckten sie diejenigen Gegner, denen christlicher Glaube existentiell wichtig war. Deutschland erlebte seinen Kniefall später durch Willy Brandt in Warschau. Der sollte den „Krieg in den Köpfen" beenden.

Die sog. **Freedom Rider** fuhren 1961 gemischtfarbig in den Überlandbussen durch Virginia, North Carolina und Georgia, um die Umsetzung der bundesstaatlichen Gesetze auszutesten (Qualitätsmanagement).

---

[9] ebd.

Doch Rassisten griffen die Busse bei Anniston, Alabama an, setzten einen Bus in Brand und weiße Superchristen unter der geistigen Führung des Teufels blockierten die Türen, damit die Insassen verbrannten. Dank einer Explosion entkamen die Rider aus dem Bus. Die Rassisten ergriffen sie, um sie zu lynchen. Der Warnschuss eines Autobahnpolizisten stoppte sie. Ein Geistlicher besorgte Fahrzeuge, die die Bedrohten in Sicherheit brachten.

In Birmingham leitete der durch Korruption politisch aufgefallene Polizeikommissar Bull Connors blutige Angriffe auf die Freedom Rider an. Ku-Klux-Klan-Anhänger schlugen besonders die weißen Aktivisten brutal zusammen. John F. Kennedy kommentierte dies süffisant: "The civil rights movement should thank God for Bull Connor. He's helped it as much as Abraham Lincoln." Denn eine **schlechte Presse** stößt den Bürgern übel auf. Wer will schon zu einer Stadt gehören, bei der man denkt: hirnlose Brutalos. Könnte diese soziale Kontrolle heute bei Russland funktionieren?

Bei seinem Indienaufenthalt besuchte King auch die Stätte, an der Gandhis großer Salzmarsch begann. Mahatma startete mit acht Leuten und erweiterte die Menge sich Stück für Stück auf Millionen. Gandhi beherrschte die Sprache der **Symbolik**: Er nahm etwas Salz in seine Händen, um zu dramaturgisch darzustellen, dass er jetzt ein Gesetz bräche, das Gesetz, dass die Inder in der Salzindustrie arbeiten, aber das Produkt nicht besitzen durften.[10]

Die Analyse des Erfolgs von Gandhis Freiheitskampf ergab, dass Gandhis gewaltlose Aktionen **moralisch** die „Heimatfront" der Kolonialisten bewegte. Viele Engländer konnten auf ihrem christlichen Hintergrund das Gemetzel an wehrlosen Indern nicht mittragen und zweifelten zunehmend an der moralischen Qualität ihrer Regierung. Kings Aktionen warben weiße Mitstreiter an, etwa zum Marsch von etwa 250.000 Menschen auf Washington für „Arbeit und Freiheit" am 28. August 1963. King visionierte: „I have a dream…" Seine Sicht schien unrealistisch wie auch realisierbar. Würden seine Kinder wirklich mit Kindern von Eltern anderer Hautfarbe spielen? Inzwischen wählten die USA einen farbigen US-Präsidenten.

Zu Kings Strategien gehörte, Forderungen möglichst **konkret** zu formulieren, damit die Erfüllung auch als direkter Erfolg verbucht wurde. Er entwickelte eine Methoden- und Ereignis<u>folge</u>: Challenge, Conflict,

---

[10] Martin Luther King, Autobiography S.128

Crisis, Confrontation, Communication, Compromise, Change.[11] Entscheidend ist die Eskalation, aufgrund derer vorformulierte Ziele zur Konfliktlösung angeboten wurden.

Kings und Gandhis gewaltfreie Methoden waren nur erfolgreich, weil ihnen die Massen folgten. Doch ohne Charismatiker gelingen solche Aktionen nicht. Die Methoden kannte man schon lange. **Massendemonstrationen** sind aus dem Altertum bekannt, **Wirtschaftsblockaden** ebenfalls. Wirtschaftssanktionen gelten als politisches Instrumente. Kings theoretische Schriften boten auch Politikern, die sich nicht als Pazifisten verstanden, wichtiges Material, weil er klug Mechanismen analysierte und mögliche Reaktionen durchspielte.

Unter den brutalen Folgen von Wirtschaftssanktionen hat vor allem die Bevölkerung zu leiden. Im Ukrainekrieg wird das wieder plastisch.

1.4 Die Bedeutung der Medien

Dr. Martin Luther King realisierte die Bedeutung der **Medien**. 1962 wurden Ralph und er in Albany ins Gefängnis geworfen. Man steckte beide in eine verdreckte Einzelzelle, das Ekligste, das er je erlebt hatte. Als dem Chef ihre Prominenz klarwurde, wollte er negative Berichte unterbinden und ließ die Zelle auf Hochglanz polieren. Kurze Zeit darauf verhaftete man bei einer riesigen Demonstration etwa 50 Anführer. Als diese „Freedom-Songs" singend zum Gefängnis kamen, steckte man Ralph und Martin in die Bull-Pen: Dunkel, schmutzig. Man sollte nicht glauben, dass es so etwas in einer Gesellschaft gäbe, die man für zivilisiert hielt.[12] Am dritten Tag mussten sie zivil gekleidet beim Chef erscheinen, der ihnen ihre Entlassung verkündete. King wollte nicht freigelassen werden, da er mit 700 weiteren Gefangenen solidarisch sei. „God knows, Reverend, I don't want you in my jail." Die beiden wurden „zwangs"-entlassen. Diesmal bedauerte King, aus dem Gefängnis zu kommen.[13]

In Albany ergänzte King die Methodik um das **Jail-In**. Beim Jail-In erklärte er, die Schwarzen in Albany hätten ihren Rücken gerade gehalten: „Niemand kann auf dem Rücken eines Menschen reiten, außer er ist gebeugt!" (Gandhi)[14]

Kings größter schwarzer Kontrahent war „Malcolm X". Die brutalen Erfahrungen seiner Kindheit, wie die Ermordung seines Vaters durch

---

[11] Zusammengefasst von T.Dietrich, S.50
[12] Nicht vergessen: Das rechtsfreie Gefangenenlager Guantanama auf Cuba unterhält die USA bis heute.
[13] ebd. S.159
[14] ebd. S.168

Weiße, saßen zu tief, um übertüncht zu werden. Die Wut der Unterprivilegierten fand sich in der „sanften" Revolution Kings nicht wieder. Das „Kneel-In", das Gott galt, wurde als Knien vor den Mächtigen interpretiert, besser wählte man die klassische Sprache der Weißen: Gewalt. Damit traf Malcolm X den Nerv vieler, denen die Fortschritte durch Nonviolence marginal erschienen. Nach der Lektüre der Lebensgeschichte von Malcolm X wusste ich wieder, wo der Gegner steht. Dieser Gegner ist nicht einfach sichtbar. Er steckt in dem Übel, das Menschen sich gegenseitig zufügen. Über schwarze Gewalt darf sich niemand empören, der sich nicht vorher über weiße Gewalt empört hat.

1.5 „Politisch korrekte" Sprache

Putin erklärte das Wort „Krieg" zum Unwort. Die Verwendung ist strafbar. Heißt dies, dass Putin, der atomwaffenstarke, sich durch Wort bedroht fühlt? Lässt sich Putin im Umkehrschluss durch Worte bekämpfen? Was wäre, wenn ein Familienmitglied ihm sagen würde: „Du bist wie Hitlers Bruder! So einen wollen wir nicht in der Familie!" Oder eine seiner Töchter, die in Dresden zu Schule gingen, würden sagen: „Du hast ein Herz, eiskalt wie hundert russische Winter!" Das könnte ihn treffen, weil es aus seinem einzigen Vertrauenskreis käme. Aber würde es ihn bewegen? Ein Insider meinte, Putin hätte sich zu einer Wachsfigur verwandelt. Meine laienhaften neurologischen Kenntnisse lassen mich vermuten, dass sein Frontlappen geschädigt ist und er daher rein physiologisch über kein Gewissen mehr verfügt. Aber was würde das für eine effektive Strategie bedeuten? Eine konfrontative militärische Reaktion wäre kontraproduktiv, ein Appel an sein Gewissen sinnlos. Würde selbst King einen Tyrannenmord in Betracht ziehen? Man redet schon darüber. Eine Lösung liegt vermutlich nur in seinem Umfeld, wo man „Gefühle" aufspüren müsste wie mit einem Metalldetektor. Was mich irritiert: Jahrelang gab es tschetschenische Extremisten, die sich gegen Putin stellten. Für die müsste doch nun eine Sternstunde sein. Aber sie erscheinen nicht. Waren sie vielleicht nur eine russische Inszenierung für innenpolitischen Zusammenhalt gegen den Feind?

1.6 Steinbruch für pazifistische Kreativität

Der gewissenlose Putin und seine Drohung mit Atomwaffen machen uns hilflos. Doch selbst Militärs erkennen, dass militärische Aktionen nicht zielführend sind. Da sollte man mal auf das Instrumentarium von Pazifisten schauen.

Pazifistische Lösungsstrategien setzen oft auf Deeskalation. Das Wichtigste ist das Gespräch miteinander. Dies bei einem blutrünstigen

Aggressor durchzuhalten, ist schwierig und schwierig zu vermitteln. Tatsächlich kann auch Nachgeben weiterhelfen, obwohl es dem Aggressor Gewinne verschafft.

Diese Option scheint Noam Chomsky die am wenigsten schlechte Option nach der Invasion: „Eine neutrale Ukraine nach österreichischem Vorbild. Sehr weit entfernt von Gerechtigkeit. Aber wann hat die Gerechtigkeit in internationalen Angelegenheiten schon einmal gesiegt? ... Ob es uns gefällt oder nicht, die Möglichkeiten beschränken sich jetzt auf ein hässliches Ergebnis, das Putin für den Akt der Aggression eher belohnt als bestraft – oder auf die hohe Wahrscheinlichkeit eines Krieges im Endstadium."[15]

Im individuellen Konflikt konnte bestimmt jede/r schon friedensstiftenden Erfolge durch Nachgeben erleben. Manchmal hilft auch ein Mediator, international eigentlich die UNO. Aber dieser fehlt die Neutralität. Hilfreich könnte auch ein Gericht sein wie der internationale Gerichtshof in Den Haag.[16] Nicht pazifistisch, aber hilfreich könnten Ordnungsmächte sein wie Polizei (im zivilen Bereich etwa bei Hooligans) oder UN-Truppen (militärisch etwa im Balkan). Wirklich pazifistisch ist eine Friedenseskalation. Das wären vertrauensbildende Maßnahmen. Wir kennen es aus dem Krimi: Geiselnehmer u Kommissar stehen sich gegenüber, Kommissar entwaffnet sich, um angstfrei reden zu können... Dazu passt eine präventive Selbst-Entwaffnung wie in Mazedonien oder Abrüstungsverträge. Wichtig sind gemeinsame Aktionen wie Gandhis Salzmarsch oder 1968 die soziale Verteidigung in der Tschechoslowakei, wo Verwaltungsstrukturen lahmgelegt wurden oder die „Schwarzen Mütter" in Jerusalem, die israelische und palästinensische Familien plakativ verbanden, indem sie sich Freitags an belebten Kreuzungen positionierten, sichtbar schwarz gekleidet, als Appell an die militanten Männer. Auf die Kraft des Gewissens setzte Albert Schweitzer mit seiner kulturübergreifenden Weltethik „Ehrfurcht vor dem Leben".

Bei manchen Konflikten ist schon ein einfacher Weg plausibel: Beseitigung der Ursachen wie Hunger oder Unterdrückung.

Ich schließe ohne Lösung – so vermessen bin ich nicht -, aber mit dem Hinweis, dass es Jesus um die Liebe Gottes zum Leben in uns geht und Lösungswege ohne Liebe unrealistisch bleiben.

---

[15] Noam Chomskys Blick auf die Ukraine, 18.03.22 - Pressenza IPA
[16] In meiner Nürnberger Gemeinde Gostenhof ist der Justizpalast, bekannt durch die Prozesse gegen die führenden nationalsozialistischen Kriegsverbrecher: ein Hoffnungsschimmer für Opfer, dass Unrecht verurteilt wird und politische Verbrecher ebenfalls.

Vorbemerkungen 2018

Martin Luther King kämpfte für die Gleichberechtigung von Menschen aller Hautfarben. Ich konnte das nie so richtig verstehen. Für mich war das immer eine Selbstverständlichkeit.

Als unsere evangelische Auferstehungs-Gemeinde in Schweinfurt Christen aus der nahen US-Kaserne 1963 zum Gemeindefest einlud, ging es für mich um die „Amis". Hautfarben spielten keine Rolle, eher die fremde Sprache. Es war Sommer und zwei Familien kamen zu uns in den Garten zu Gast. Sie waren schwarz. Selbstverständlich spielten wir Kinder sofort miteinander. Die Erwachsenen taten sich mit dem Radebrechen etwas schwerer. Irgendwann erklangen Volkslieder in beiden Sprachen und ich durfte eines der fremden Lieder lernen. Unser Pfarrer hat das damals gut gemacht. Ich erlebte es als eine völlig unaufdringliche Begegnung, wie einen Verwandtenbesuch. Wo also war das Problem?

Inzwischen kenne ich die Probleme. Umso mehr teile ich Kings Empörung, dass das Selbstverständliche nicht selbstverständlich sein sollte. Kings Ermordung schockte mich als Jugendlichen. Meine Abscheu gegenüber Rassisten wurzelt darin. Mein Interesse an King aber wurde erst später tiefer, als sich die Frage nach der Gewalt und ihrer Berechtigung stellte. Als Kriegsdienstverweigerer musste man viele gewaltfreie Szenarien durchspielen und gegen militärische Lösungen hochhalten. Ich erlebte Prag zwei Tage vor dem russischen Einmarsch, der den sog. Prager Frühling durch Panzer beendete. Blauäugiger Gewaltverzicht wurde mir genauso verdächtig wie ein Militärschlag, der den dritten Weltkrieg auslösen könnte. Der regelmäßige Besuch bei Freunden in der DDR ließ die Frage unbeantwortet, wie man das Unrechtssystem beenden könnte. Wir diskutierten die Ideen von King, der uns näher war als Gandhi.

Martin Luther King bietet so viele Facetten und Ereignisse, dass eine Monographie schnell die Grenzen der Vertiefung erreicht. In ihm treffen sich die Aspekte des Kampfes gegen Ungerechtigkeit in rassistischer wie sozialer Hinsicht, der Unfassbarkeit des Krieges, speziell in Vietnam, das Beharren auf gewaltfreier Methodik und der spirituelle Charakter seines Wirkens.

Bei King in der Vergangenheit zu bleiben, verbietet sich von selbst. Auch Schriften aus der bundesdeutschen Provinz müssen auf das Zeitgeschehen Bezug nehmen. Noch ist das gelobte Land nicht erreicht, formieren sich die Gegner immer wieder neu. Deswegen beließ ich aktuelle Passagen, auch wenn sie überholt waren. Das veranschaulicht den Prozess, in dem wir uns befinden.

Das Buch ist engagiert, also keineswegs wertfrei – was für einen Christen ohnedies nicht geht. Pilatus war Diplomat, Jesus nicht. **Wer auf der Seite der Gewinner stehen will, muss sich an Pilatus halten. Wer auf der Seite des Siegers stehen will, muss sich an Jesus halten – und Niederlagen einkalkulieren.**

Martin Luther King als Propheten wiederzuentdecken schließt eine nachhaltige Beschäftigung mit seiner Lebensgeschichte und seinen Aktionen ein. Bei den großen alttestamentlichen Propheten finden wir dies ansatzweise auch.

Manche Aktionen wie der Busstreik in Montgomery werden wiederholt erwähnt, um sie in verschiedener Hinsicht zu beleuchten.

Die Leser solcher Bücher verstehen meist Englisch gut genug, um Zitate im Original zu lesen, auch bei längeren Abschnitten. Gerade Auszüge aus Kings Predigten sind „in his own words" prägnanter, auch in ihrer poetischen Dimension.[17]

Bei der Übertragung ins Deutsche geht naturgemäß viel Poesie verloren. Beispiel: 1963 trat Bob Dylan beim Marsch auf Washington auf, im Kontext von Kings medialem Höhepunkt. Dylans im August 1963 veröffentlichtes „Blowin in the Wind" beginnt mit der Zeile: „How many roads must a man walk down before you can call him a man." Die "roads" könnten die Straßen der Kundgebungen sein. Wenn wir "man" mit „Mann" übersetzen, ginge es darum, ein Mann zu werden. Würde das erste „man" mit Mann und das zweite mit „Mensch" übersetzt, wäre die Frage, wann im Kontext der Rassendiskriminierung auch schwarze Männer als Menschen anerkannt würden. Hieße es beide Male „Mensch", wäre ein Entwicklungsprozess im Blick: Der biologische Mensch = homo sapiens wird zum Wert „Mensch" = human being.

Bo Diddleys „I'm a man"! („Ich bin ein Mann!") entstand 1955. Bei seiner Phrasierung hatte er die Selbstachtung schwarzer Männer im Blick, betont als Bestätigung durch Sexualität. Als „Männer" waren sie Menschen.

Dylan wiederum sang in „A hard rain's agonna fall" im Mai 1963 „black is a colour" und sage nichts über den Wert eines Menschen aus. Und „none is a number" könnte man auf Gefängnisinsassen beziehen.

Nonviolent action" war das Lebensthema von Dr. Martin Luther King. Auch heute ist die Frage nach der Gewaltanwendung bei der Klärung von Konflikten aktuell. Bei King hieß es: Ob Vietnamkrieg, die soziale Schere in den USA oder die Rassentrennung im Staatenverbund nach Ab-

---

[17] Die gelegentlichen Übertragungen ins Deutsche stammen von mir.

raham Lincoln: Die Methoden der Gewaltfreiheit werden diskutiert, während die Waffen eingesetzt werden. Erst schießen, dann reden... erscheint als Markenzeichen des Homo Sapiens, seine Brandmark.

Objektiv gesehen löste Waffengewalt nie die Probleme – es sei denn, wie in der Türkei, wo es 1918 nach dem Genozid an den armenischen Christen das „armenische Problem" nicht mehr gab.[18] Wenn heute dieses Problem irgendwo auftaucht, landet die Person, zu der es gehört, im türkischen Gefängnis. Wenn es im Ausland, wie etwa vom Deutschen Bundestag geäußert wird, schlägt die faschistoide Erdoganpropaganda, die anscheinend von der Mehrheit seiner Bürger auch auf dem freiheitlich demokratischen Boden der Bundesrepublik Deutschland goutiert wird, zu.

Gewaltfreiheit ist kein Selbstläufer. Es gehört Phantasie und eine hohe Frustrationstoleranz dazu. Ich bin mit dem Thema Gewaltfreiheit aufgewachsen. Aber bei manchen Szenarien denken auch ich spontan: Da müsste doch jemand reinschlagen. Die Menschen aus Kings Umfeld erzählten, dass er in der letzten Phase seines Lebens die Erfolge seiner gewaltfreien Aktionen hinterfragte. Was ist los mit der gewaltfreien Aktion?

2 Christus ruft zum Widerstand

Martin Luther King ist eine Ikone des 20. Jahrhunderts. Sei es das jährliche Gedenken am 4. April 1968, dem Tag seiner Ermordung, sei es der Martin-Luther-King-Day in den USA am dritten Januarmontag[19] im Umfeld seines Geburtstages, sei es die gesellschaftliche Lage in den diversen Regionen dieser Erde: Ein Rückblick muss verschiedene Facetten in den Blick nehmen. Im Jahre Eins nach dem großen Reformationsjubiläumsjahr konnte man fragen: „Warum trägt dieser Charismatiker aus Atlanta den Namen „Martin Luther"?"

2.1 Mein Name ist...: Martin Luther

„It is quite easy for me to think of a God of love mainly because I grew up in a family where love was central and where lovely relationships were ever present." Aufgrund meiner eigenen Herkunftsgeschichte würde ich es bestätigen, aber: Ich kenne auch andere Lebens- und Liebesgeschichten... Der Reformator Martin Luther, dessen Eltern gewaltsame Erziehungsmethoden praktizierten, entwickelte eine Theologie der

---

[18] Hintergründe: „Rekrut am Rande eines Völkermords", Schoßwald, S.22ff, S.70ff.
[19] 2018 war dies der 15. Januar, also sein tatsächlicher Geburtstag.

Liebe als Kontrast zu seiner Herkunftsfamilie. Parallel erlebte seine Umwelt bei ihm brutale und hasserfüllte Reaktionen. Seine Ausbrüche konterkarierten seine Theologie, etwa bezüglich Schwärmer, Täufer, Juden und Bauern.

Einen Kontrast bildet Albert Schweitzers Lebensbeginn mit dem besorgten Kampf um das Leben des schwachen Kindes im harten Klima des Mittelgebirges. Nicht einmal ein Lebensjahr gaben ihm erfahrene Nachbarinnen[20]. Er wurde 90 Jahre alt.

King attestierte sich eine außergewöhnlich robuste Gesundheit und benannte dafür Zeugen: „It is said, that at my birth the doctors pronounced me a one hundred percent perfect child, from the physical point of view."[21] Er wurde nur 39 Jahre alt...

Michael King jun., Sohn des gleichnamigen Baptistenpredigers und seiner Frau, der Lehrerin Alberta King kam am 15. Januar 1929 in Atlanta, Georgia zur Welt, in den Südstaaten der USA. Michael King senior reiste 1934 zu einem Baptistenkongress nach Berlin[22], ein Jahr nach der Machtergreifung. 1935 traten die „Nürnberger" Rassengesetze in Kraft traten[23]. 1936, bei der Olympiade in Berlin gewann zum Verdruss der braunen Machthaber nicht der Arier Erich Borchmeyer die Königsdisziplin, den 100m-Lauf der Männer, sondern der schwarze US-Amerikaner Jesse Owens. Einem On-Dit zufolge verließ Hitler fluchtartig das Stadion, um nicht einem „Neger" die Hand schütteln zu müssen.

Bei seinem Berlinaufenthalt beeindruckte King sen. der deutsche Reformator Martin Luther, also ein militanter Gegner der baptistischen Bewegung, der sogar das Ersäufen der sog. „Wiedertäufer" forderte, derart, dass er so seinen und auch seines Sohnes Namen zu Martin Luther King ändern ließ. Vieles vom Vater prägte den Sohn. So ließ jener ihn häufig auf den Feldern arbeiten, um den Respekt vor den Vorfahren zu stärken. Während der Vater seiner Mutter aus einer Sklavenfamilie kam, hatte der Vater seines Vaters auf Baumwollplantagen unweit von Atlanta gearbeitet.

Bei Rassentrennung erlebte er die Empörung seines Vaters. Eines Tages nahmen sie in einem Schuhladen Platz, um Schuhe zu probieren. Der Verkäufer forderte sie unmissverständlich auf, sich auf andere Stühle weiter hinten zu setzten. King sen. tat seinen Unmut kund und verließ

---

[20]Schoßwald, Albert Schweitzer, S.67
[21]Carson, C. (Hg.), The Autobiography of Martin Luther King, Jr. 2012 , S.2
[22] 30 Jahre später predigte sein Sohn, eingeladen von Willy Brandt Berlin auch in Ost-Berlin, dass auf beiden Seiten der Mauer Kinder Gottes lebten.
[23]Kontext: Nürnberger Gesetze, Barmer Theologische Erklärung, Ansbacher Ratschlag.

ohne Einkauf den Laden: „Egal, wie lange ich in diesem System leben muss, ich werde es nie akzeptieren!" [24]

Die Einschulung konfrontierte King mit der Rassentrennung namens „Jim Crow". Vorher hatte er unbekümmert mit einem weißen Bub aus der Straße als engstem Freund gespielt. Dann kamen sie an verschiedene Schulen und die Eltern des Freundes verboten diesem dem Umgang mit dem schwarzen Freund... King berichtete nicht, wie der Freund dies verarbeitete, aber auch für diesen könnte dies ein gewisses Trauma gewesen sein.

Auf diesem Hintergrund suchte King nach neuen Perspektiven. Er beschäftigte sich mit Marx. Aber der Kommunismus überzeugte ihn eben so wenig wie der klassische nordamerikanische Kapitalismus reformierter Prägung.[25]

Dem Kapitalismus kreidete er an, die Aspekte gemeinsamen Lebens zu missachten, dem Marxismus das Ausblenden der individuellen und persönlichen Facetten des Lebens. Er kontrastiert beides mit der Βασιλεία τοῦ Θεοῦ, dem Königreich Gottes, das eine Synthese darstellt, indem es die Wahrheiten aus beiden Richtungen vereinigt – was chronologisch natürlich nicht stimmt, da die Verkündigung des Königreiches Gottes älter ist als die beiden Gesellschaftskonzepte, die auf dem wirtschaftlichen Fokus beruhen.

Martin Luther Kings Lebenszeit fällt in die Epoche, die in den USA als „Jim Crow-Ära" (1876-1964) geläufig ist. In dieser war die Rassentrennung in den USA rechtlich vorgeschrieben. „Jim Crow" ist eine Karikatur eines Schwarzen (="Nigger"), der tanzt und singt und unbekümmert ist, zugleich aber faul, dumm und kleinkriminell.

Anscheinend sehr unbedarft erzählte der schwarze Entertainer Louis Armstrong[26] von seiner Begegnung mit „Jim Crow". Zunächst klang es recht locker, als seine Großmutter bei Weißen arbeitete und ihren Enkel dabei hatte. Der spielte mit den weißen Kindern. Beim Verstecken kroch

---

[24] Autobiography 7f. "This was the first time I had seen Dad so furious. That experience revealed to me at a very early age that my father had not adjusted to the system, and he played a great part in shaping my conscience. I still remember walking down the street beside him as he muttered, 'I don't care how long I have to live with this system, I will never accept it.'"

[25] Siehe hierzu Max Weber. Mein großer Lehrer Jürgen Moltmann schwärmte: „Lesen Sie Max Weber, es ist wie ein Kriminalroman..." Ich weiß nicht, welche Kriminalromane der verehrte Professor gelesen hatte, Max Weber erzielte bei mir nicht diese Spannung. Aber seine These zitiere ich immer noch.

[26] „Autobiography" Armstrong wurde vor King geboren (1901) und starb nach King (1971)

er eines Tages unter den weiten Rock seiner Großmutter. Erst als diese „pupste", musste er das Versteck verlassen. Als seine Mutter in einem anderen Stadtteil von New Orleans erkrankte, bestellte sie den Fünfjährigen als Hilfe zu sich. Er fuhr mit der Straßenbahn.

„*In der Straßenbahn machte ich meine erste Erfahrung mit Jim Crow[27]. Ich bin noch nie mit der Straßenbahn gefahren und gehe einfach durch, ohne in der Mitte des Wagens auf die Anschläge zu achten, die links und rechts auf der Rückseite der Sitze angebracht sind: ‚NUR FÜR FARBIGE.'...hinten machte eine Dame wie verrückt Zeichen: ‚Hierher, Kleiner! Hier gehörst du her.' Ich denke, sie macht Spaß und um sie zu necken, bleibe ich sitzen...*"[28]

Die Frau erklärte ihm energisch der Rassentrennung in der Straßenbahn. In Kings Zeit stand Louis Armstrong für den angepassten, erfolgreichen „Neger" im Show-Business.

Er schilderte seine Jim-Crow-Erfahrung mit einer irritierend humorvollen, angeblich typisch afroamerikanischen Leichtigkeit: „FOR COLOURED PASSENGERS ONLY"... „There is something funny about those signs on the street cars in New Orleans. We coloured folks used to get real kicks out of them... ...when we outnumbered the white folks. Automatically we took the whole car over... We felt a little more important than usual."[29]

„'NUR FÜR FARBIGE'... Diese Anschläge in den Straßenbahnen von New Orleans sind sehr merkwürdig. Man muß sich hinten hinsetzen, kann sich aber auch weiter vorne niederlassen, obwohl man dann den Anschlagzettel vor der Nase hat. Die Schwarzen haben manchmal viel Spaß damit. Zu manchen Stunden... waren die farbigen Fahrgäste derart in der Überzahl, daß sie fast den ganzen Wagen füllten. Es behagte ihnen sehr, sich einmal vorne aufhalten zu können. Man hatte dann das Gefühl, etwas mehr als sonst zu gelten – oder so ähnlich: ich kann das nicht recht

---

[27] Sein Künstlerkollege Bob Dylan zielt in „Playboys and Playgirls", einem „Sing-along-Song" darauf: *Your Jim Crow ground Can't turn me around*
[28] Louis Armstrong, Mein Leben, mein New Orleans, 1953, S.10f. 1952 war Armstrong durch die FRG gereist, mit dem zwiespältigen Echo, das die „Negermusik" damals noch hervorrief. 1965 trat er in der GDR auf. Die war stolz darauf, einen echten „Neger" präsentieren und damit die Rassendiskriminierung in den USA verteufeln zu können. Heute ist diese Rassendiskriminierung gerade auf dem Territorium der ehemaligen DDR virulent. Der kleinbürgerliche Mief von Ulbricht, Honecker und ihrer Brut stinkt heute mehr als je zuvor.
[29] Armstrong, Louis, Satchmo, My Life in New Orleans, S.16

ausdrücken. Jedenfalls machte es gewaltig viel Spaß..."[30] Dieser Spaß konnte nur vordergründig die Unterdrückung überspielen.

1965, ein Jahr nach King tourte auch Armstrong durch Deutschland. Wieder legte man in der Musik andere Maßstäbe an als im gesellschaftlichen Miteinander. Das „Off-limits", durch welches schwarze GIs aus Lokal herausgehalten wurden, galt nicht für Konzertsäle, in denen ein Jazzmusiker von Weltrang auftrat.

Im Juli 1971 saßen wir mit Ann Rogier, der natürlich weißen US-Austauschschülerin meiner Patentante in der Metzgergasse vor der Tagesschau in Schwarz-Weiß, als sie plötzlich rief: „Satchmo! What happened?" Wir radebrechten, er sei verstorben. Sichtlich betroffen erklärte uns Ann, welche Bedeutung dieser Künstler für ihre Heimat hatte – sie kam aus Ann Arbor, Michigan. Wir standen mehr auf Beatles und Led Zeppelin... Satchmo war aber unter den US-Bürgern jenseits der Segregation anerkannt. Die Musik überwand Grenzen, die betoniert erschienen[31]. Doch die Grenzüberwindung beschränkte sich auf die Musik. Louis Armstrong gewann hohes Ansehen als Musiker, aber beim Thema „Rassentrennung" stand er für den devoten Schwarzen mit den großen, weißen Augen. Wer ihm dies vorwerfen will, muss erst einmal mehr Standhaftigkeit beweisen. Dazu hat jede/r in unserem Jahrzehnt in unserer Republik angesichts des grassierenden Faschismus und dem Mangel an Zivilcourage in hervorgehobenen Positionen reichlich Gelegenheit.

Die hervorgehobenen Positionen beginnen bereits bei den Erzieherinnen in den Kindergärten und den Lehrkräften an den Schulen. Dort sind die Autoritäten für die heranwachsende Generation. Ich selbst arbeitete an weiterführenden „Schulen ohne Rassismus", wie an den Eingangstüren stand. Am Lehrerzimmer passte dieses Schild bereits nicht mehr. Vereinzelte Lehrkräfte, nicht ohne Kenntnis von Geschichte, beriefen sich auf „das wird man doch noch sagen dürfen" und artikulierten rassistische Gedanken, die sie emotional nicht relativierten.

---

[30]Armstrong S.11; das kann ich nachempfinden, allerdings ohne den „Rassendruck". Als wir 1975 mit Interrail durch Marokko reisten, galt unser Ticket plötzlich auch für die erste Klasse. Das genossen wir. Freilich bevorzugte ich die Holzklasse, weil dort das Leben pulsierte. Da transportierten die Bauern ihre Hühner und mehr. Zudem kommentierte mein Freund Wolfgang Reisky, dass diese Bevorzugung mit der Ersten Klasse uns als Mitteleuropäer privilegierte und das passte nicht zu unserem evangelisch-linken Selbstverständnis – da geht es uns bis heute so.

[31] „Negermusik" erklärten Nazis zur Unkultur. Diese Einstellung hielt sich in meiner bayerischen Heimat bis in die 70er, wobei die Franken bereits in den 50ern Elvis & Co goutierten und ihre klassische Weltoffenheit und Toleranz praktizierten. Dass Eisenhower im zweiten Weltkrieg Negermusiker auf Schiffen mitfahren ließ, aber sie in ihrer Freizeit separierte, sei nur angemerkt.

2.2 Ohne Bus von Montgomery nach Birmingham

Mit 24 Jahren, am 18.6.53 heiratete er Coretta Scott Williams, die Tochter seines Gemeindepfarrers. Von diesem übernahm er nach dessen Tod auch die Pfarrstelle.

King war gerade nach Montgomery, Alabama gezogen, als es am 1.12.55 zum Eklat kam: Rosa Parks, eine Sekretärin aus dem Bürgerrechtsbüro weigerte sich, im Bus vorschriftsmäßig einem Weißen Platz zu machen, wurde verhaftet und verurteilt.

Gut 30 Prozent der Bürger waren schwarzer Hautfarbe, mit einem weit größeren Anteil unter den Passagieren der Busse. Als King das Potential in dieser Größenordnung realisierte, organisierte er einen Boykott der städtischen Busse in Montgomery. Bald beteiligte sich eine relevante Anzahl am Boykott und weiße Autofahrer unterstützten ihn durch die Mitnahme von Schwarzen, die alternative Wege zum Arbeitsplatz brauchten.[32] Die Unternehmer realisierten zunächst nicht, dass die Schwarzen ihnen die wirtschaftliche Grundlage gaben und gleichzeitig minder Rechte hatten. Es dauerte über ein Jahr, bis dieser gewaltfreie Widerstand zum Erfolg führte, weil der Oberste Gerichtshof die Rassentrennung (Segregation) in den Bussen Montgomerys verbot.

King wurde in dem Land, das für Weiße eine sehr liberale Meldepraxis hat[33], verurteilt, weil er beim Umzug seinen Führerschein nicht umgemeldet hatte. Er musste zur Zwangsarbeit nach Florida, wurde während der Haftzeit nach New York geflogen, nahm eine Auszeichnung für seinen Kampf gegen die Diskriminierung entgegen und wurde ins Straflager zurück gebracht. Den weißen US-Amerikanern ist auch nichts zu peinlich – da könnten sie die Neo-Faschisten der FRG gleich einbürgern, am besten in German-Town (14x in den „Vereinigten Staaten von Amerika"[34]).

John F. Kennedy, Präsidentschaftskandidat bewirkte beim Richter Kings Freilassung gegen Kaution und wurde vielleicht deswegen mit der Wahl zum Präsidenten belohnt. Über seinen Charakter gibt es allerdings sehr ambivalente Darstellungen.

Kings Reden sind gut dokumentiert, auch durch Filmmaterial. Seine Ausstrahlung wirkt selbst durch dieses Medium. Es ist seiner Person zuzuschreiben, dass viele den massiven gewaltfreien Widerstand als das

---

[32] In meiner Kindheit Ende der 60er lief in meiner Heimatstadt eine analoge Aktion gegen die Fahrpreiserhöhungen. Die mitwirkenden Autofahrer signalisierten mit einem „roten Punkt" auf der Windschutzscheibe: „Ich nehme jemanden mit."

[33] Vermutlich privilegieren sie Waffenbesitzer....

[34] Immerhin verdankt Amerika seinen Namen dem deutschen Kartographen Martin Waldseemüller.

Mittel der Wahl ansahen. Seine Ermordung erschütterte seine Anhänger derart, dass die Bewegung auseinander brach. „We shall overcome" blieb affektiv in der guten Erinnerung, aber effektiv drängten gewalttätige Anführer nach vorne.

Acht Jahre nach dem Busboykott organisierte King einen weitgreifenden Widerstand in Birmingham. Wieder setzte er auf wirtschaftlichen Druck. King bezeichnete Birmingham als „Metropole der Rassentrennung". In den Kaufhäusern gab es Sitzecken, Lunch Counters nur für Weiße. Durch friedliche Sitzproteste wurden diese blockiert und schwarze Kunden boykottierten Kaufhäuser, die durch weiße Geschäftsleute geleitet wurden. Als Rädelsführer wurde King schon im April 1963 verhaftet, diesmal mit einem Kontaktverbot zur Öffentlichkeit.

Hier endete der „Marsch auf Washington"

Präsident Kennedy, die Bedeutung Kings für den inneren Frieden wahrnehmend und vom eigenen nahen Ende nichts ahnend hob dieses Verbot auf. Auf Kings Entlassung reagierte die Südstaaten-Metropole mit brutalen Massenverhaftungen, die allerdings durch die Medien rasch verbreitet wurden und Empörungen USA-weit auslösten.

Die US-Regierung ließ durch einen Kommissär die Führer der Protestaktion und die mächtigen Geschäftsleute miteinander reden, während die Demonstrationen weiter gingen. Beide Stränge führten zu einem Ergebnis in Richtung Gleichberechtigung. Anhänger des Ku-Klux-Klan verübten am Tag darauf zwei Bombenattentate auf King und seinen Bruder. Täter? Nie gefasst! Achselzucken der Geschichte: Was sonst?!

Die Vertuschungspolitik bei rassistischen Morden hat in den USA System. Ein halbes Jahr später wurde der Präsident der Vereinigten Staaten in Dallas – natürlich im Süden – unter bis heute nicht befriedigend erklärten Umständen ermordet. Seine Positionierung zugunsten der Bürgerrechtsbewegung wird zu den Mordmotiven gerechnet. So verstummen die Verdächtigungen nicht, dass offizielle Stellen wie FBI beteiligt waren. Selbst heute, während ich das schreibe, wurden in den USA zwar Akten dazu veröffentlicht, jedoch wiederum geschwärzt.

Die USA haben noch lange nicht den Mut, in ihre eigene Seele zu schauen. Vielleicht sind die USA ein schwarzer Sub-Kontinent, bezogen auf die Seele und die Akten.

Im August fand der legendäre „Marsch auf Washington statt. Dort verkündete King vor einer viertel Million Menschen seinen „Traum" von der Gleichheit aller Menschen.

2.3 Birmingham Sunday

Leider transformierte dieser "Dream" nicht zugleich die USA in das Paradies. Blutige Realität verdeutlichte dies zwei Wochen später in Birmingham. *"On Birmingham Sunday a noise shook the ground, And people all over the earth turned around. For no one recalled a more cowardly sound - And the choirs kept singing of freedom."* sang Joan Baez in ihrer Ballade "Birmingham Sunday":

Sonntag, 15. September 1963: Gouverneur George Wallace hatte süffisant verkündet, man benötige zum Stopp Integration ein paar „erstklassige Beerdigungen" („first-class funerals"). Die Gemeinde der „16th Street Baptist Church" war auf dem Weg zum Gottesdienst. Ein weißer Mann stieg aus einem Chevrolet und deponierte eine Schachtel an der Treppe der großen Kirche. Kurz vor halb Elf detonierte eine Bombe. Vier Mädchen wurden getötet, 23 schwer verletzt. Unter den toten Mädchen war auch die elfjährige Denise McNair, eine Schulfreundin von Condoleeza Rice[35].

Joan Baez gönnte jedem Opfer ihren Namen und ihren Vers:
1. *That cold autumn morning no eyes saw the sun And Addie Mae Collins, her number was one. At an old Baptist church there was no need to run. And the choirs kept singing of freedom*
2. *The clouds they were grey and the autumn wind blew. And Denise McNair brought the number to two. The falcon of death was a creature they knew. And the choirs kept singing of freedom*
3. *The church it was crowded, but no one could see, That Cynthia Wesley's dark number was three. Her prayers and her feelings would shame you and me. And the choirs kept singing of freedom*
4. *Young Carol Robertson entered the door And the number her killers had given was four. She asked for a blessing but asked for no more. And the choirs kept singing of freedom*

Der Weiße wurde durch Zeugenaussagen als R.Chambliss vom Ku-Klux-Klan identifiziert. Natürlich wurde er verurteilt: zu 100 $ Strafe wegen illegalen Besitzes von Dynamit. In die Untersuchung war das FBI einbezogen, dessen Integrität über allen Zweifel erhaben ist. Sechs Wochen nach der „Verurteilung" wurde John F. Kennedy ermordet. Wie kann man beim Stichwort FBI nur eine solche Assoziation haben?

Weil es Männer wie Bill Baxley gab, der als Generalstaatsanwalt von Alabama sich Jahre später die Unterlagen des FBI beschaffte und auf unterschlagenes Material gegen Chambliss stieß. Er eröffnete eine neue Anklage, die mit einem Schuldspruch endete, ebenso wie bei B.Cherry, einem Mittäter. Beide beendeten ihr Leben hinter Gittern. Zur Beisetzung von Denise McNair, Addie Mae Collins, Carole Robertson und Cynthia Wesley kamen über 8000 Menschen zusammen – die Offiziösen der Stadt ließen sich nicht blicken.

---

[35] Diese war später Beraterin von George W. Bush und plädierte keineswegs für Gewaltfreiheit, sondern prägte im Gegenteil den außenpolitischen Begriff „Vorposten der Tyrannei" im Konflikt mit der islamischen Welt.

Gewaltfreier Widerstand braucht nicht nur einen langen Atem, er fordert auch Todesopfer. Dass Christen nicht vor Mord zurück scheuen, ist schon furchtbar genug. Dass sie aber Mord mit Kirchgang kombinieren, ist einfach pervers.

Nachbemerkung zu G.Wallace: Der Demokrat wurde noch zwei Mal als Gouverneur wiedergewählt und kandidierte viermal für die Präsidentschaft (1968 für die „American Independent Party").

Am 11. Juni 1963 blockierte er die Tür der University of Alabama, um den Zutritt für afroamerikanische Studenten zu verhindern. Selbst der stellvertretende Bundesjustizminister Katzenbach konnte ihn nicht vertreiben. Kennedy schickte die Nationalgarde und Wallace ging.

1972 schoss ein Herostrat Wallace zum Krüppel. In den späten 1970er Jahren wandelte Wallace sich zum „wiedergeborenen Christen", bekannte, in der Rassenpolitik gesündigt zu haben und entschuldigte sich bei den Bürgerrechtlern. Er sei vom Streben nach Macht und Ruhm zum Streben nach Liebe und Vergebung umgekehrt. Dies unterstrich er dadurch, dass er in seiner letzten Gouverneursperiode ungewöhnlich viele Afro-Afrikaner in Regierungsämter erhob.

2.4 Eve of Destruction

Die geschockte US-Seele streichelten 1963 nach dem Attentat auf Kennedy die fröhlichen Vier aus Liverpool, die eine heile, englischsprachige und sichtbar weiße Welt importierten.[36] Dabei reimportierten die Liverpooler Hafenkinder auch schwarze Musik.

Die „britische Invasion"

Dass Cassius Clay den Pressephotographen zuliebe die Beatles mit einem einzigen Hieb niederstreckte, war ein Scherz, der dem Gewicht der Bürgerrechtsprobleme nicht gerecht wurde. Später wollte Olympiasieger

---

[36] Mehr dazu in „Die Sgt. Pepper Generation"

Clay nicht der „Vorzeigenigger" der USA bleiben und änderte seinen programmatischen Namen „Clay" in Muhammed Ali[37]. Trump würde dem geborenen US-Amerikaner mit dem islamischen Wahlnahmen vermutlich die Einreise verbieten, wenn er nicht den US-Namen „Dreck" wieder annähme.[38]

Gegen die massive Einschränkung des Wahlrechtes für Schwarze[39] organisierte King 1965 Demonstrationen in Selma / Alabama, die US-weit Aufsehen erregten und sogar in die Hitparaden eingingen durch Barry McGuires Protestsong „Eve of destruction". Der bekennende Christ sang, man solle zum kommunistischen Feind Rotchina schauen und dort den Hass wahrnehmen... und dann mal ein Blick nach Selma, Alabama werfen, also den Hass im eigenen Land wahrnehmen:

Think of all the hate there is in Red China / Then take a look around to Selma, Alabama / You may leave here for 4 days in space / But when you return, it's the same old place / The poundin' of the drums, the pride and disgrace / You can bury your dead, but don't leave a trace / Hate your next-door neighbour, but don't forget to say grace / And you tell me over and over and over and over again, my friend / You don't believe / We're on the eve / Of destruction.

Im Juli 1965 wurde dieser Song erstmals im Radio gesendet. Trotz des Boykotts durch viele Radiostationen erreichte er bald die Nr. 1 der US-Charts. Der FBI sammelte Materialien gegen Barry McGuire in einer Akte. Die paranoide Reaktion auf einen Popsong macht deutlich, wie sensibel die angesprochenen Themenbereiche waren. McGuire verstand den Song weniger als eine politische Aussage denn eine Analyse des menschlichen Wesens. Die Heuchelei und Bigotterie seiner Gesellschaft erschien ihm als größtes Problem und bleibt es, während die Themen sich ändern und nach den Russen nun die Moslems die Feinde sind. Vorher waren es die Rothäute („nur ein toter Indianer ist ein guter Indianer"). Das weiße US-Amerika leidet offensichtlich an Verfolgungswahn.

Der Song von Barry McGuire, geschrieben von P.F.Sloan[40] enthält ein Panoptikum der Themen, die die Jugend der 60er bewegte mit so prägnanten Sätzen wie „you're old enough to kill, but too young to vote", die

---

[37] 1964 bekannte sich Clay zur „Nation of Islam" und damit die Black-Supremacy und ersetzte seinen „Sklavennamen" durch Muhammed Ali.
[38] Ich sehe es den US-Einreisebehörden nicht nach, dass sie Trumps Großvater einreisen ließen, nachdem Deutschland den Deserteur nicht repatriieren wollte.
[39] Das praktizierte übrigens auch noch Jeb Bush als Gouverneur von Florida bei der Wahl seines Bruders George „W" zum Präsidenten.
[40] geboren als Philip Schlein mit einem deutschstämmigen Vater und einer rumänischen

auch Erwachsene nachdenklich werden lassen konnten. Auch Kennedys Vision der Eroberung des Mondes mit der vorhergehenden Eroberung des Weltraums gegen die konkurrierende Weltmacht der Sowjets karikiert er mit den Zuständen in dieser Welt, vor allem der US-amerikanischen: Auch nach vier Tagen im All kehrte man zu den alten Problemen zurück. Die weiße Bigotterie spiegelt er nicht nur in der Rassenproblematik, sondern auch in der kleinbürgerlichen Verlogenheit: Du hasst deinen Nachbarn, vergisst aber nicht, ihm Gottes Gnade zu wünschen. Ja, du kannst sogar deine Toten verscharren, ohne eine Spur zu hinterlassen. In den Sechzigern entwickelte sich im Westen, nicht nur in den USA eine moralische Revolution, die später 68er genannt wurde. Jürgen Moltmann beschrieb diese als einzigartig, weil sie eben nicht aus den klassischen Gründen entstand, die entweder in der sozialen Not oder der territorialen Konkurrenz lagen.

McGuire lässt keine Namen erklingen, aber Martin Luther King und die Bürgerrechtsbewegung assoziierte jeder. Kein Wunder, dass das Lied von vielen Radiostationen gebannt wurde.

Der gewaltlose Kampf für das Ende der Rassentrennung forderte unschuldige Opfer. Das gehörte ins Konzept, ohne dass es gewollt war. Anders als bei militärischen Operationen sind Menschenopfer kein wertemäßig akzeptierter Teil des gewaltfreien Weges, auch wenn man weiß, dass es dazu kommen kann. Bleibt die Frage, was der Verlust von Menschen, die einem etwas bedeuten, in der eigenen Seele anrichtet. Da kann durchaus Hass entzündet und geschürt werden. Martin Luther King sprach dies sehr klar und offen an, als er Gefahr für seine Familie realisierte.

Die Paranoia des weißen US-Amerikaners mit britischem oder deutschem Hintergrund artikulierte Bob Dylan, der spätere Literaturnobelpreisträger entlarvend. Feinde können zu Freunden werden, wenn sie den selben Feind haben, z.B. in „With God on our Side": „the Germans now too have God on their side", als die Deutschen nach dem Genozid an Juden zu Kombattanten im Kalten Krieg wurden. Luzide psychoanalytisch erzählte er schon 1962 den „Talkin' John Birch paranoia blues": Der gute „Amerikaner" wittert überall Feinde, am Schluss sogar in sich selbst...

"Well, I was feelin' sad and feelin' blue / I didn't know what in the world I was gonna do / Them Communists they was comin' around / They was in the air / They was on the ground / They wouldn't gimme no peace...

Now we all agree with Hitlers' views / Although he killed six million Jews / It don't matter too much that he was a Fascist / At least you can't

---

Mutter.

say he was a Communist / That's to say like if you got a cold you take a shot of malaria...
   Well, I was sittin' home alone an' started to sweat / Figured they was in my T.V. set / Peeked behind the picture frame / Got a shock from my feet, hittin' right up in the brain / Them Reds caused it / I know they did, them hard-core ones...
   Now Eisenhower, he's a Russian spy / Lincoln, Jefferson and that Roosevelt guy / To my knowledge there's just one man / That's really a true American, George Lincoln Rockwell / I know for a fact he hates Commies 'cause he picketed the movie Exodus
   Well, I fin'ly started thinkin' straight when I run outta things to investigate. Couldn't imagine doin' anything else. So now I'm sittin' home investigatin' myself. Hope I don't find out anything, great God!"

Die Gefahr durch die heuchlerischen und zu Meuchelmorden bereiten Weißen war für King allgegenwärtig, nicht erst durch Attentate, sondern bereits durch die vielfältigen Drohungen.

Kraftvoll rief er in seiner Predigt vom 3. April 1968, er habe (wie Mose) auf dem Gipfel des Berges gestanden und Gott hätte ihn in das gelobte Land der Freiheit („promised land") und Gleichheit schauen lassen. Jetzt habe er keine Angst mehr vor dem Tod, denn dieser Blick habe ihn mit diesem Land des Lebens verbunden.

Am nächsten Abend stand King auf dem Balkon seines Hotels in Memphis, des Lorraine Motels. Da trafen ihn die tödlichen, feigen Schüsse[41] eines Rassisten, der bereits eine kriminelle Karriere hinter sich hatte, unter dubiosen Umständen zunächst fliehen konnte, dann doch gefasst und zu 99 Jahren Zuchthaus verurteilt wurde und sein zunächst abgegebenes Geständnis mehrfach widerrief.

Die Tatwaffe, eine Vorderschaftrepetierflinte Model 760 Gamemaster kaufte sich der entflohene und gesuchte Sträfling am 30. März 1968 in Birmingham, Alabama. Auch Verbrecher haben ein Recht auf Waffen! Natürlich nur US-Amerikaner! Weiße!

Angesichts des miserablen Leumundes, den das FBI einschließlich seiner leitenden Personen wie auch die republikanischen Politiker mit ihrer Nähe zum Ku-Klux-Klan haben, legen sich Verschwörungstheorien nahe. Sie erscheinen nicht unglaubhafter als die offiziellen Darstellungen. Dies zeigt das große Imageproblem von Parteien und Regierungen, die so oft auf Lügen bauen, dass man ihnen die Wahrheit auch nicht mehr

---

[41] Als der Mörder James Earl Ray (* 10.3.28) am 23.4.1998 in Nashville, Tennessee starb, wurde die Welt durch die Geburt eines neuen Martin L. besser.

abnehmen kann. Wenn in meinem Bundesland ein Ministerpräsident oder ein Minister in einer Streitfrage eine Aussage macht, glaube ich ihm erst einmal nicht. Das ist ein Vorurteil als Konsequenz aus jahrzehntelangen Lügen.

Bei Martin Luther King gilt unabhängig von ballistischen Fragen: Schuldig gesprochen an diesem Mord werden alle Rassisten der Vereinigten Staaten von Nordamerika und landen auf der linken Seite vor dem Thron des Herrn (Mt.25). Schuldig an diesem Mord sind auch die Rassisten, die erst nach Kings Tod geboren wurden. Es gibt keine Gnade der späten Geburt, wenn man sich auf die Seite des Teufels gestellt hat. Das gilt auch für „ich habe nichts gegen Ausländer, aber..."-Biedermänner und -frauen.

3 Auf dem Gipfel des Berges ...

„Neapel sehen und sterben..." – im deutschsprachigen Raum[42] gilt diese italienische Sentenz einem einmaligen Ziel. Es ist so wichtig, dass es sogar den Tod nivelliert. Das Ziel spendet Leben.

King sprach vom Gipfel des Berges mit dem Blick ins gelobte Land. Dem AT zufolge kam Mose zwar nicht in das gelobte Land, erblickte es aber vom Bergesgipfel aus. So konnte er beruhigt sterben:

„Und Mose stieg aus den Steppen Moabs auf den Berg Nebo, den Gipfel des Gebirges Pisga, gegenüber Jericho. Und der Herr zeigte ihm das ganze Land: Gilead bis nach Dan und das ganze Naftali und das Land Ephraim und Manasse und das ganze Land Juda bis an das Meer im Westen und das Südland und die Gegend am Jordan, die Ebene von Jericho, der Palmenstadt, bis nach Zoar. Und der Herr sprach zu ihm: Dies ist das Land, von dem ich Abraham, Isaak und Jakob geschworen habe: Ich will es deinen Nachkommen geben. – Du hast es mit deinen Augen gesehen, aber du sollst nicht hinübergehen. So starb Mose, der Knecht des Herrn, daselbst im Lande Moab nach dem Wort des Herrn." (Dtn.34)

Am 3. April 1968 in Memphis assoziierte King diese Stelle:

„Well, I don't know what will happen now. We've got some difficult days ahead. But it really doesn't matter with me now, because I've been to the mountaintop. And I don't mind.

Like anybody, I would like to live a long life. Longevity has its place. But I'm not concerned about that now. I just want to do God's will. And

---

[42]Der Schweizer Kurt Marti betitelte eine "Dorfgeschichte" mit "Neapel sehen"

He's allowed me to go up to the mountain. And I've looked over. And I've seen the Promised Land. I may not get there with you. But I want you to know tonight, that we, as a people, will get to the promised land!"[43]

King betonte: "Like anybody, I would like to live a long life." Er liebte das Leben. Wie hätte er sich sonst für das Leben einsetzen können! Aber er hatte etwas erlebt, das die natürliche Begrenzung des Lebens sprengte.

Das konnte er für die eigene Person sagen. Aber als Ehemann und Familienvater spürte er ganz andere Regungen, wenn es um die Bedrohung seiner Familie ging. Da kannte er Wut, da kannte er Aggressionen. Das ist gut so, denn wenn es um Leben und Tod geht, erscheint Abgeklärtheit als tödlich oder schon „tot".[44]

"I've been to the mountaintop!" Am Tag darauf ermordeten ihn heimtückisch Gesinnungsgenossen derer, die heute die Politik des Weißen Hauses (eben nicht des „schwarzen Hauses") von Donald Trump mitbestimmen. Der Vater des Twitter-Präsidenten[45] gehörte zum Ku-Klux-Klan, jener US-Vereinigung, die sich mit christlichen Kreuzen schmückt und den Schwefelgeruch der Hölle verbreitet. Donald Trumps Vorgänger Barak[46] Obama hingegen war als der erste nicht-weiße Präsident die Frucht von Kings Todesopfer.

King initiierte die erfolgreiche Kampagne für das Wahlrecht der Schwarzen, denen Präsident Johnson nach J.F.Kennedys Ermordung widerwillig zustimmte. Das aktive Stimmrecht führte zum Erfolg des passiven Wahlrechts. Ein „Farbiger" konnte 40 Jahre später als US-Präsident kandidieren, gewählt und auch wiedergewählt werden. Für das „Gewähltwerden" erhielt er den Friedensnobelpreis, nicht für seine Regierungszeit, die viele daran zweifeln ließ, dass er dieses Preises würdig war. Dieser Zweifel hatten aufrechte Menschen beim Friedensnobelpreis für Martin Luther King nie.

Viele private Details aus der Biographie Kings ließen aus dem Menschenrechtler und Märtyrer keinen „Heiligen" werden.[47] Dass er in seinen Reden Gedanken anderer ohne Herkunftskennzeichnung verwendete,

---

[43] Autobiography S.365; dieser Text lag auch der Weihnachtspredigt von Dietrich Bonhoeffer 1930 auf Kuba zugrunde. (Schoßwald, Bonhoeffer. S.15)

[44] Siehe "Lucy, der Himmel und ich": Nur dem, der das Leben liebt, steht das ewige Leben zu.

[45] Syrien erklärte er im April 2018 per Twitter und ohne Parlament den Krieg.

[46] Biblisch: „der Gesegnete"

[47] Das würde bei Jesus auch passen. Die Inkarnation sollte schließlich eine vollständige Menschwerdung werden – dazu gehören Schattenseiten. Einen sündlosen Jesus umgibt der Hauch des Doketismus… So bezeichnen Theologen die Vorstellung, Jesus sei immer göttlich und nur zum Schein menschlich gewesen.

ließ nur Kleingeister kritisch werden. Anders als „copy and paste" - Plagiateure renommierte er nicht mit fremden Gedanken, sondern trieb „die Sache" der Rassengleichheit voran und nahm dabei Gefängnis und Todesgefahr gezielt in Kauf.

Kings „weiße" Gegner im „Bible-Belt" der Südstaaten des südlichen Nordamerika[48] berufen sich gerne auf die Bibel, aber weiß zensiert. Es nähme nicht Wunder, wenn die US-Nazis die NS-Propaganda des „arischen Jesus" (H.S.Chamberlain) aufgriffen.

King hat das gelobte Land gesehen… doch er durfte, wie Moses, nicht hinein. Freilich rechnete er nicht wirklich mit dem „promised land" auf Erden. Denn solange die Menschen über diesen Planeten herrschen, wirkt die Macht des Bösen durch Menschen. Auf Barak Obama folgte Donald Trump. Nach dem Ende der sowjetischen Diktatur wurde Putin an Russlands Spitze katapultiert. Im Geburtsland Hitlers regieren die Neo-Faschisten munter mit.

King rechnete mit vorgezogenen Verwirklichungen des „gelobten Landes". Man muss es ihm nicht glauben, aber er selbst war davon überzeugt, diese Verheißung von Gott selbst bekommen zu haben.

Kings Botschaft in den 50er und 60er-Jahren des 20. Jahrhunderts war eine Botschaft der Hoffnung, flankiert von Ernst Blochs „Philosophie der Hoffnung" und Jürgen Moltmanns „Theologie der Hoffnung". Wenn wir ad fontes gehen, verblüfft die direkte Religiosität in Kings Texten, umgeben von politischen Aussagen. Kings Reden sind transparent für Glaubenserfahrungen.

3.1 Antagonistische Ikonen

Durch sein politisches Engagement und seinen gewaltsamen Tod ist King auch heute immer noch präsent. Wie eine Ikone steht seine Büste im Oval Office. Barak Obama ließ sie 2010 aufstellen.

Der Begriff Ikone erscheint inflationär. Journalisten lieben darstellende Künstler als Ikonen, wie Musiker, Sänger und Schauspieler, titulieren aber auch Filmstars und Sportler so. Andy Warhol, selbst eine Ikone der darstellenden Kunst, produzierte Ikonen durch seine Darstellung von bekannten Persönlichkeiten. Erst Warhol stilisierte "Marilyn Monroe" zur Ikone.

---

[48] Die US-Amerikaner pflegen die Lüge, die USA seien "America". Der Bildungsstand des durchschnittlichen US-Amerikaners einschließlich des derzeitigen Präsidenten Trump zeigt sich als auch geographisch enorm defizitär. Auf ihren inneren Karten von Amerika fehlen z.B. das größere Kanada, Argentinien, Mexiko und Brasilien, dafür rechnen sie Guantanamo auf Kuba noch zu den USA.

Dabei kam dieser Begrifflichkeit viel aus dem Umfeld der religiösen Ikonen abhanden. Klassische Ikonen aus dem christlichen Bereich enthalten Gold als Hintergrund für die Beziehung des Dargestellten zu Gott, oft auch das Hinrichtungswerkzeug als Märtyrerzeichen, etwa das Andreaskreuz. Bei Marilyn Monroe und Elvis Presley fehlt dies, doch bei Martin Luther King könnten wir es darstellen. Er wurde erschossen. Er wurde zum Märtyrer. Eine Ikone von Martin Luther King müsste ein Gewehr als Tötungsinstrument enthalten und zudem noch die Gitter als Symbol seiner Haftstrafen.

Als Ikone erfolgreicher war der Arzt „Che" Guevara, nicht einmal ein Jahr älter als King. Er wurde auch ein Jahr vor ihm erschossen. T-Shirts mit seinem Ikonen-Toten-Bild verkaufen sich heute noch gut.

Der Argentinier erlebte 1951 seine „Berufung" auf einer Motorradtour durch Lateinamerika, als er die erschreckende Armut der ländlichen Bevölkerung sah. Zwei Jahre später promovierte er, machte sich politisch kundig und wurde zu einem Verehrer Stalins. Gerade dessen Brutalität schien ihm vorbildlich. Als King seine erste große Aktion in Montgomery leitete, fuhr der „Comandante" mit seinem neuen Kombattanten, dem Kubaner Fidel Castro (1926-2016!) nach Kuba. Im Guerillakrieg befreiten sie die Kubaner von Diktator Batista, den die US-Amerikaner unterstützten.

Nach der „Befreiung" entwickelte sich das Revolutionsteam zu einer neuen, wenngleich sozialistischen Diktatur. Guevara, hoch positioniert, ordnete in einer permanenten Revolutionshaltung Todesurteile jenseits der Gerichte an, die er teilweise selbst vollstreckte. Ein dritter Weltkrieg drohte, als Kennedy 1961 in der Schweinebucht eindringen wollte, da die UdSSR vor der Nase der USA Atomraketen auf Kuba stationieren wollte.

Guevara war bereit, solche Raketen auf die USA zu schießen. Gewalt erklärte er 1964 vor der UNO zum entscheidenden Mittel der Politik. Als Kuba aus der Revolution in den Alltag zurückkehrte, blieb dem Revolutionär nur die Flucht aus der Politik; als Geschäftsmann getarnt verließ er Kuba in Richtung Kongo. Die afrikanische Revolution scheiterte - aus seiner Sicht mangels Disziplin. Dann kämpfte er sich durch Südamerika, wurde am 8. Oktober 1967 in Bolivien in einem Gefecht gefangen genommen und tags darauf ohne Gerichtsverhandlung hingerichtet - diese Methode hatte er durch eigene Praxis als Minister in Kuba legitimiert. Noch in seinem Todesjahr propagierte er, man solle „zwei, drei, viele Vietnams" zu schaffen und sich als Guerilla im Kampf von „unbeugsamem Hass" antreiben zu lassen, als „effektive, gewaltsame, selektive und kalte Tötungsmaschine".[49]

Im Kontext von King ist klar: Die Ziele einer Revolution zur Befreiung von Menschen aus Unterdrückung sind legitim. Die Mittel müssen befragt werden. „Die Kritik an menschenverachtenden Revolutionären muss die Kritik an menschenverachtenden Diktatoren, menschenverachtenden demokratisch gewählten Regierungen und menschenverachtenden gewissenlosen Wirtschaftsunternehmen enthalten, sonst ist sie bigott."[50]

Che Guevara und Martin Luther King avancierten zu Ikonen. Zu religiösen Bildern gehören Bilderstürmer, zu Ikonen Ikonoklasmus. Diesen betrieb der Geschichtsdozent T. Dietrich in seiner King-Monographie[51]. Kurz und knapp fasste er zusammen, warum die Verehrung von King oft an der historischen Wirklichkeit vorbei geht. Der wichtigste Punkt ist, dass King zwar mediale Präsenz besaß und den Gedanken der Gleichberechtigung einprägsam in die US- und dann Weltöffentlichkeit trug, aber seine politischen Erfolge sehr begrenzt waren. Das bezog Dietrich naheliegender Weise auch auf den ökonomischen Bereich. Zu seinen fundamentalen Kritikpunkten kommt auch der Plagiatsvorwurf. Ausführlicher beschrieb er den Umgang Kings mit der Genderproblematik. Er sah den schwarzen Macho zwar in seinem Kontext als üblich, kritisierte ihn aber auf dem Hintergrund der theoretischen Ansprüche Kings. Kings Promiskuität verurteilte er nicht als solche, stellte aber mit der Beschreibung der außerehelichen Beziehungen Kings („Ehebruch") dessen Integrität in Frage. Ebenso attestierte er ihm im Laufe seiner Erfolgsgeschichte zu-

---

[49] Eiskalt warnte Jesus: „Wer zum Schwert greift, wird durchs Schwert umkommen."
[50] Schoßwald, Die Sgt. Pepper Generation, S.123
[51] T.Dietrich, Martin Luther King, UTB-Profile, 2008

nehmende Eitelkeit. An diversen Problempunkten attestierte er ihm sachliche Unkenntnis, etwa hinsichtlich der komplexen Geschichte der Gewaltfreiheit Mahatma Gandhis, den sein indischer Gesprächspartner Nehru durchaus differenziert sah und beschrieb. Auch hinsichtlich des Nationalsozialismus schien King keine echte Sachkenntnis zu haben und die faschistischen Aktionen sogar als „legal" zu sehen – freilich auf einem Hintergrund, bei dem klar war, dass „legal" keineswegs ein ethisches Urteil ist.

Die ersten Ikonoklasten waren das FBI und die von ihm gefütterte Presse. Für Menschen, die sich von Martin Luther King angesprochen fühlen, bleibt: King konnte die Ungerechtigkeit sehr plastisch darstellen und sehr mitreißend dagegen predigen. King begab sich ab Januar 1956 bewusst in Lebensgefahr – das gilt für seine Kritiker in aller Regel nicht. Malcolm X ist hier eine Ausnahme.

Und King weist über sich hinaus. Er ist nicht einfach ein politischer Akteur, als der er auch gesehen werden kann. King ist ein Prophet. Propheten können nicht alles abdecken, was sie sagen, sie sind nicht Gott. Propheten wehren sich mitunter gegen ihren Auftrag, weil sie sich unwürdig fühlen.[52] Propheten können als Verkünder des Wortes Gottes und mitunter sogar „Darsteller" auch in das Fahrwasser der Selbstdarstellung und Inszenierung gelangen. Diese Gefahr droht allerdings erst, wenn bereits eine Anerkennung zu spüren war.

Behalten wir also die ikonoklastischen Anfragen im Hinterkopf, während wir den Weg des Propheten verfolgen. Aber vergessen wir nicht: Er hat sich nicht selbst verkündigt. Die Glocken der Freiheit läuteten für ihn als Wegbereiter. Wie Bob Dylan 1964 in „Chimes of Freedom" sang: "Flashing for the warriors whose strength is not to fight." **King wurde zum Krieger ohne die Mittel des Krieges, denn er hatte die Kraft, nicht zur Gewalt zu greifen.**

---

[52] Klassisch bei Jeremia 1,4-10. „Ist denn Israel ein Sklave oder unfrei geboren, dass er jedermanns Raub sein darf?" 2,14 Ebenfalls Jesaja: „Wehe mir, ich vergehe! Denn ich bin unreiner Lippen…" Jes.6,5

4 Mann-Act: Jack Johnson – Chuck Berry

Eine besonders perfide Möglichkeit, Farbige juristisch auszuknocken schufen die US-Weißen durch den sog. „Mann-Act". James Robert Mann (weiß, männlich) trieb ein Bundesgesetz in den USA voran, das 1910 beschlossen wurde. Dieses Gesetz überwand die Staatsschranken im föderalistischen System innerhalb der „Vereinigten Staaten von Amerika"[53]. Es sollte der Bekämpfung der Prostitution dienen, weil diesbezügliche Gesetze in den USA-Staaten unterschiedlich waren und Prostituierte in Staaten gebracht wurden, die laxere Gesetze hatten. Die Ahndung der Prostitution unterlag der Gesetzgebung der einzelnen Staaten, so wurde nun der „Transport" der Prostituierten nach Bundesgesetz bestraft werden.

So stellt es die deutsche Wikipedia dar. Die US-Version ist härter: "In practice, its ambiguous language about 'immorality' has resulted in its being used to criminalize even consensual sexual behavior between adults."[54] Diese "Immorality" beziehen die (weißen) Richter dann auch auf sexuelle Kontakte zwischen Weißen und Schwarzen, auch wenn diese von Volljährigen mit gegenseitigem Einverständnis vollzogen werden. Aber die Moral war schon immer eine Hure, auch vor dem „Dritten Reich" mit seiner „Rassenschande" und der Bundesrepublik mit ihrer „AfD", die den Kirchen das Schuldbekenntnis nach dem Gräuel des „Dritten Reiches" vorwirft.

Das Man-Act lohnte sich bereits im Jahre seines Inkrafttretens. Der erste Verurteilte war, wen wundert's, ein Schwarzer. Und was für ein Schwarzer! Jack Johnson streckte im Ring einen Weißen auf die Bretter und wurde dadurch der erste schwarze Weltmeister im Schwergewicht! Unverzeihlich! Den Ringrichtern blieb bei einem K.O. keine Alternative. Den staatlichen Richtern schon.

---

[53] Eine unsägliche Bezeichnung, die die sog. Amerikaner, nämlich die Bewohner des südlichen Teils des nördlichen Teils des amerikanischen Kontinents bis heute beibehalten. Die Vereinigten Staaten von Amerika müssten ja Brasilien, Argentinien, Mexiko, Kanada etc. umfassen. Aber da bauen die „Amis" lieber Mauern, um das zu verhindern.

[54] Zunächst umfasste intentionsmäßig das Gesetz auch noch den Missbrauch von Minderjährigen: "Although the law was created to stop forced sexual slavery of women, the most common use of the Mann Act was to prosecute men for having sex with underage females." Das Gesetz wird bis heute angewandt. „immorality" ist sehr kontextabhängig. Definieren es die US-Amerikaner in Zukunft als „keine Million verdienen", „noch nie einen Menschen erschossen haben" oder ähnlich? Eine Nation, in der ein Donald Trump für die Wähler mehrheitsfähig ist, personifiziert die Unmoral. Das hat nichts mit Verstand, nur mit Anstand zu tun.

Kein US-Boxer akzeptierte Johnson (1878-1946) als Gegner, weil er ein Schwarzer war. Doch er besiegte 1908 den kanadischen Weltmeister Tommy Burns. Als Weltmeister verteidigte er den Titel mehrfach. Politisch virulent wurde das Boxen, als der US-Boxer Jim Jeffries (weiß) gegen ihn antrat und ausgerechnet am Nationalfeiertag 1910 gegen einen Schwarzen K.O. ging. Da die weißen „Männer" ihn nicht im Ring K.O. schlagen konnten, griffen sie zum sog. „Mann-Act" und klagten ihn der grenzüberschreitenden Prostitution an. Die Frau, mit der er das getan haben sollte, heiratete ihn kurze Zeit später. So fand man eine Prostituierte, die sich erpressen ließ, gegen ihn auszusagen. Johnson floh nach Frankreich und boxte erfolgreich weiter. Als der erste Weltkrieg kam, kehrte er in die USA zurück und wanderte ins Gefängnis. Das machte box-technisch keinen Sinn mehr und er wurde im Jahr darauf entlassen. 33 Jahre nach seiner Entlassung wurde er als erster Schwarzer in die Hall of Fame des „Ring Magazine" aufgenommen. Er war ein Wegbereiter für Cassius Clay, mit dem sich die USA international erfolgreich präsentierte und der zum Protest gegen die weiße Vereinnahmung zu „Muhammed Ali" wurde.

Die Bekämpfung der Prostitution ist ebenso ehrenhaft wie zwielichtig, wie wir bereits dem A.T. entnehmen können, wo ein gewisser Juda, immerhin Stammvater eines kompletten israelischen Stammes und dann der „jüdischen" Religion mit seiner Schwiegertochter Tamar als Prostituierten schläft, ohne ihre Identität zu erkennen und sie dann später, als sie schwanger ist, zum Tode verurteilt. Erst als Tamar ihm beweisen kann, dass er der Vater ihres Kindes und damit der Freier ist, lenkt er ein. Selbstentblößend kommentieren die patriarchalischen Autoren, dass er künftig nicht mehr mit ihr schlief…. (Gen.38) Die Bigotterie kreiden die frommen Überlieferer ihm nicht an – offenbar beschränkt sich dieses heuchlerische Verhalten nicht auf Reichsdeutsche und weiße US-Amerikaner.[55]

Das war 1910. Fast ein halbes Jahrhundert später wurde es wieder einmal in der Konkurrenz eingesetzt. Chuck Berry versus Jerry L. Lewis und Elvis Presley. Ich meine hier nicht die weißen Musiker, sondern die Leute mit wirtschaftlichen Interessen, die auf diese weißen Musiker setzten.

---

[55] In meinem Umkreis kenne ich es häufiger von Italienern, Russen und Türken. Das lässt mich vermuten, dass es allgegenwärtig ist und nicht einmal auf (weiße) Männer beschränkt… O, ich erinnere mich hier an Erfahrungen mit Kamerunern, Brasilianern und Chinesen; Aborigines sind mir noch nicht begegnet...

Chuck Berry faszinierte auch weiße Jugendliche. Er selbst kam aus einer Familie, deren Stammbaum er kaum rekonstruieren konnte[56], aber er wusste von einer Urgroßmutter aus Deutschland[57], was ihn vielleicht zu „Roll Over, Beethoven" („Komm rüber, Beethoven") (1956) inspirierte; indianische und afroafrikanische Vorfahren schmückten seinen Stammbaum ebenso wie eine weiße Farmerswitwe ungenannter Herkunft. Die Existenz genetischer Rassenschranken wiederlegt er eindeutig. Freilich findet sich Rassismus bei vielen Rassen, ohne dass dadurch die faktische und definierbare Existenz von Rassen nachgewiesen ist.[58]

Charles Edward Anderson Berry, genannt Chuck konkurrierte mit seinen weißen Kollegen um den Titel „King of Rock ‚n Roll" durch Hits wie „Sweet Little Sixteen", „Rock and Roll Music", „Memphis, Tennessee" und vor allem „Johnny B. Goode"[59]. Dieser Erfolg stieß der weißen Konkurrenz übel auf und so besann man sich auf den „Mann-Act". 1959 wurde Chuck Berry verhaftet und 1961 (sic!) zu drei Jahren Gefängnis verurteilt. Das warf ihn erst einmal aus den Charts, obwohl er vor Haftantritt schnell noch eine Reihe von Liedern zur Veröffentlichung während seiner Zwangsabsenz aufnahm, etwa „Come on", den späteren ersten Rolling-Stones-Hit und „Route 66", ebenfalls erfolgreich von den Stones gecovert. Berry wurde zeitgleich gleich zweimal angeklagt, einmal wegen einer „French Lady", dann einem „Indian Woman". Berry notiert sprachlich sehr aufmerksam die unterschiedliche Wortwahl.[60] Im ersten Prozess frug der „honorable Judge" Moore einen Hotelbetreiber des Nachbarbundesstaates, was für eine Art von Hotel er betreibe. Als dieser das nicht verstand, präzisierte der Richter ungehalten: „Was it a white or a colored hotel?". Der Hotelier erklärte, dass da, wo er wohne, darauf nicht geachtet würde. Darauf wütete der Richter: „I didn't ask, what kind of people you deserve! Just answer my question!"[61] Kein Wunder, dass die Verurteilung wie vorgesehen stattfand.

---

[56]Ich beziehe mich im Folgenden auf seine Autobiographie.
[57]Berry, Chuck, The Autobiography, S.xxi, Mary Rafford
[58] Das Fränkische ist da spezifischer: „Des is e Rass…" wird auf Cliquen bezogen, die durch ihr Verhalten auffallen. Eine Bewertung erhält die „Rass" erst durch die Klangfärbung, die anerkennend wie anklagend sein kann.
[59]In diesem Kontext fast ein Wahnsinn: die vermutlich benebelten US-Amerikaner glaubten wohl, dass im ganzen Universum ihre hochmoderne Technik geteilt würde und schickten 1977 mit den Raumsonden Voyager 1 u.2 den Song Johnny B. Goode auf einer goldenen Schallplatte (nicht einmal einer CD) ins tiefschwarze Weltall.
[60]Berry, The Autobiography, S.204
[61]The Autobiography S.205

Das Thema „Rassentrennung" griff er poetisch auf in „What's the Difference": Er sang von Beziehungen zu Frauen in verschiedenen Ländern und schloss: „But from all the women I've been with / The beautiful thing that I cite / Is the pleasure I've found / In the yellow and brown / Is equal to that of the white."[62]

Elvis erhielt statt einem Strafprozess normale eine „GI-Haft"– umfrisiert als Soldat in good old germany stationiert, was sich in „Frankfurt Special" und „Muss I denn zum Städele hinaus" wiederspiegelte und eine kastrierte Zukunft zur Folge hatte, bis er 1977 dem Herztod wegen Verfettung erlag. Chuck Berry erreichte immerhin 90 Jahre und verstarb am 18.3.2017, kurz vor der Veröffentlichung seines Alterswerkes „CHUCK".

Chuck Berrys unbekümmerte englische Retter verschafften ihm eine sensationelle Popularität: „The Beatles" rockten mit „Roll over Beethoven" und „Rock 'n Roll Musik" das Land: „The Beatles Conquer America" hieß die folgende Platte.

Diese beiden Beispiele[63] vom „Mann-Act" machen deutlich, wie man in den Vereinigsten Staaten von Nordamerika mit den Menschenrechten umging und welche Rolle die Hautfarbe spielte. Weshalb formuliere ich das im Präteritum...?

Wer Geschichten hört, in denen die Hautfarbe nicht erwähnt wird, kann die Menschen diesbezüglich nicht unterscheiden. Er wird eher den Charakter der handelnden Personen beurteilen. Da gibt es bei allen

---

[62] The Autobiography S.84
[63] Chuck Berrys lädierte Nase stammte ebenfalls aus einem „offiziellen" Box-Kampf, durch welchen man sich im Gefängnis Bevorzugungen erkämpfen konnte.

Hautschattierungen die gleichen Bösen oder Guten. Die Opfer einer Gesellschaft sind nicht zwangsläufig die Guten. Das erkannte auch Martin Luther King, weshalb er seinen Widerstand zunehmend weg von der Hautfarbe auf die unterdrückten Gruppen ausweitete und zugleich bei den unterdrückten Gruppen auch die Intentionen unterschied, vor allem ob friedlich oder feindselig.

5 Gott beruft zum Widerstand

„Mann-Act" und die alltägliche Diskriminierung hinterlassen ein Gefühl der Machtlosigkeit. Aus dieser Erfahrung entwickelt sich Resignation oder Aggression. Die Mächtigen bauen darauf, dass die Mehrheit resigniert: Da lässt sich doch nichts machen... und sich entsprechend duckt, auch wenn innerlich ein Widerstand bleibt. Nur durch Menschen mit Führungsqualitäten lässt sich etwas verändern. Diese müssen jedoch durch die Sache grundlegend motiviert bleiben. Es darf nicht das Gefühl, mächtig zu werden, die Oberhand behalten. Zu oft wechselten Widerstandsführer die Seite, wenn die Macht lockte Malcolm X traf auf den Führer der Nation of Islam, Elijah Muhammad, der sich durch Macht korrumpieren ließ und dann durch Geld und Besitz bestechlich war.[64] Manche wechselten die Seite erst, als sie das Anliegen, für das sie standen, äußerlich zum Erfolg geführt hatten und pervertierten dann diesen Erfolg, indem sie unter neuem Vorzeichen alte Strukturen wiederherstellten. Klassisch hat dies George Orwell in seiner „Animal Farm" dargestellt.

Martin Luther King verfügte über Charisma. Einen solchen Mann brauchten die Massen. Doch auch sein soziales Umfeld hielt ihn an der Stange, an allererster Stelle sein Vater, mit dem er sich gut besprechen konnte. Ebenso bewies Coretta, die Frau an seiner Seite Durchhaltevermögen und Mut.

Für seine Unerschütterlichkeit ließe sich das doppelte Bombenattentat auf ihn und seinen Bruder anführen, aber er selbst stellte dieses Attentat in einen Kontext, der sein soziales Umfeld qualitativ erweiterte: Er hatte Zwiesprache mit Gott. Es ging also nicht nur um die Motivierung durch das Gewissen gegen Ungerechtigkeit, es ging auch nicht nur darum, seine Führungsgabe in die Sache der Schwachen einzubringen, es ging auch nicht nur um seine Fürsorgepflicht gegenüber seiner schwarzen Gemeinde, es ging auch darum, dass er sich von Gott, von Jesus Christus gerufen wusste und sich immer wieder an ihn zurückband. Selbst in seiner Gefängniszelle, so schrieb er später, war er nie allein.

---

[64] Vermutlich steckte Elijah Muhammad auch hinter dem tödlichen Attentat auf Malcolm X.

5.1 Der Prophet und die Propheten

Was King aus seinem Glaubensleben erzählt, kann Christen in ihrem Glauben stärken, wenn es nicht mit aufklärerischen oder lutherischen Attitüden abgewehrt wird, weil es um konkrete Gotteserfahrungen geht.

Wir hören derzeit in der Bundesrepublik durchaus klare politische Worte einer christlich motivierten Ethik. Das ist gut so! Aber es ist nur begrenzt gut. Zwar scheinen oft genug saubere Exegesen durch gutformulierten Reden, immer wieder aber hören wir auch uneingestandene Eisegesen[65], vom Zeitgeist motiviert und von gutem Willen getrieben. Angesichts der Reden von Martin Luther King lässt sich selbstkritisch fragen: Wie weit ist Gottes direkte Stimme durch die „Engel des Herrn" zu vernehmen? Der alte Luther hatte Schwierigkeiten mit dem direkten Wort Gottes und pochte auf das geschriebene sogenannte „Wort Gottes", von dem auch er wissen konnte, dass es von Menschen geschrieben war. Wo aber bleibt die direkte Rede Gottes zu Menschen, die doch gerade in der Bibel so oft bezeugt wird?

Biblisch ließ sich King primär durch das Evangelium von Jesus Christus bestimmen. Zugleich hat er einen guten Zugang zu den klassischen Propheten. Ich bin versucht, ihn unter diese einzureihen, allerdings am Ende des Neuen Testamentes.

Wenn der Kanon nicht für alle Zeiten festgeschrieben wäre, ließe er sich sachgerecht um Predigten von Martin Luther King erweitern. King erscheint inspiriert, bringt fast ein „Ko amar JHWH" wie die Propheten Israels.

Die Alttestamentler sprechen von כֹּה אָמַר יהוה *koh 'āmar JHWH* als Wortereignisformel: „So spricht Jahwe." Damit eingeleitete Sätze, Passagen und Reden gelten als Gottes direktes Wort. Dabei ist Gott nicht einfach Gott, sondern JHWH, der Gott Israels. Der Name steht für eine Geschichte, die Geschichte steht für einen persönlichen Gott, nicht ein göttliches Etwas.

Predigten von King in den biblischen Kanon einzufügen, wäre an den Inhalten orientiert. Entscheidend wäre aber, dass er von Jesus her redete: „I heard the voice of Jesus saying…"[66] Durch die direkt erfahrenen Worte Jesu war er bewegt und damit durch seinen Geist. Dieser Geist band ihn stets zurück an Jesu Verkündigung und Lebenswerk.

Jeremia ermutigte King, das Evangelium politisch zu predigen, da es um die Lebenswelt derer geht, denen die Botschaft Gottes ausgerichtet

---

[65] Dies ist nicht die Auslegung eines Textes, sondern das Hineinlesen anderer Intentionen in einen Text.
[66] Autobiography S.78

wird. „Again Jeremiah is a shining example of the truth that religion should never sanction the status quo."[67] Der Status Quo kann nie sakrosankt sein, es sei denn im Reich Gottes. Erst wenn Gott selbst die Herrschaft ergriffen hat, gibt es nichts mehr zu kritisieren – vermute ich einmal.

Ich blätterte in meiner Bibel, die ich mir 1965 zu Weihnachten schenken ließ. Den Schutzumschlag zierte ein Faksimile Luthers.

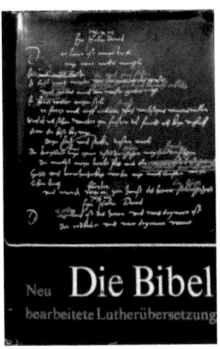

Mit zehn Jahren hatte ich nicht nur von Martin Luther, sondern auch von Martin Luther King gehört. Als ich zu den Propheten vorstieß, passten ihre Worte voll in meine revolutionäre sozialkritische Aufbruchsstimmung. „Das Räucherwerk ist mir ein Greuel!... Lernet Gutes tun, trachtet nach Recht, helft den Unterdrückten, schaffet den Waisen Recht, führet der Witwen Sache!" Jes.1,13.17. Jesaja gehörte quasi in meine Generation, mehr als heute meine gleichaltrige Kanzlerin aus dem Pfarrhaus. Später plakatierten wir Jes.2,4 ,"'Da werden sie ihre Schwert zu Pflugscharen und ihre Spieße zu Sicheln machen...". Diese Friedensbewegung trug innerhalb der DDR zur sog. friedlichen Revolution bei. Oder später: „Darum spricht der heilige Israels: Weil ihr dies Wort verwerft und verlaßt euch auf Frevel und Mutwillen... soll es mit euch sein, wie wenn ein Topfe zerschmettert wird." (Jes.30,13ff.) Und dann bei Jeremia: „Du böses Geschlecht, merke auf des Herrn Wort!... Auch findet man an deinen Kleidern das Blut von Armen und Unschuldigen, die du nicht beim Einbruch ertappt hast, sondern die alledem widerstanden... der Herr hat sie (die gottlosen Mächte) verworfen, auf die du deine Hoffnung setztest. (Jer.2) Und „Siehe, er fährt daher wie Wolken und seine Wagen sind wie

---

[67]Autobiography S.22 (Course Paper Nov.1948. Gandhi war ein knappes Jahr vorher ermordet worden.) Zur Bedeutung von Jeremias Aufforderung zur Zeichenhandlung für Bonhoeffer V. Schoßwald, Bonhoeffer S.146ff.

ein Sturmwind...." (Jer.4). „Geht durch die Gassen Jerusalems,... ob ihr jemand findet, der ‚Recht tut und auf Wahrheit hält, so will ich ihr gnädig sein... Darum wird sie auch der Löwe aus dem Walde zerrreißen und der Wolf aus der Steppe wird sie verderben und der Panther wird um ihre Städte lauern... und ich soll mich nicht rächen an einem Volk wie diesem?" (Jer.5).

Ich kannte die Friedensbotschaft Jesu und die Versöhnung mit Gott, aber der harte Impuls Jahwes durch die Propheten auf die herrschende Ungerechtigkeit und die Verantwortlichen zeigte mir Gottes starkes Gefühl für Gerechtigkeit und für Verletzungen der Gerechtigkeit.[68] Diese Propheten taten mir in der Jugend gut, wo das Gerechtigkeitsempfinden besonders geschärft wird.

Martin Luther King passte zu dieser alttestamentlichen Linie der vorexilischen Propheten. Aber genauso deutlich ist er ein christlicher Prophet, der von Jesus und seinen Botschaften her kommt. Hinter Jesus geht er nicht zurück, aber er versteht ihn in aller Radikalität.

Einem Propheten zu glauben oder nicht, ist Vertrauenssache. Glauben heißt eben Vertrauen. Er bezeichnet kein „Nicht-Wissen", sondern „Sichsicher-sein" in Dimensionen, in denen Wissen keine Rolle spielt. Dagegen steht der (falsche) Glauben aus Schwäche, wo sich Menschen gegen besseres Wissen auf etwas verlassen wollen.

Etwa bei der Bundestagswahl nach der Wiedervereinigung, als Helmut Kohl und Oskar Lafontaine gegeneinander kandidierten. Die Mehrheit wählte Kohl, obwohl er offensichtlich die Realität falsch darstellte („wir zahlen die Wiedervereinigung aus der Portokasse", „in ein paar Jahrzehnten haben wir dort blühende Landschaften"), während Lafontaine mit klaren Zahlen die Schwierigkeit des Unternehmens offenlegte. Die Mehrheit der Wähler folgte den drogenartigen falschen Versprechungen des Kanzlers. Wie immer: „Die Lüge ist des Glaubens liebstes Kind..."

Martin Luther King als Propheten einzuschätzen, bedeutet, ihm zu glauben. Ich vertraue ihm auch dann, wenn er von persönlichen Kontak-

---

[68] Es ist immer auch verbunden mit Gottes Unwillen darüber, dass er missachtet wird und fremde Götter angebetet werden. Dazu passt: 25.1.18: Ich lese während des Schreibens bei gmx: „Fußballer – Gottes Bodenpersonal?" Solche Fragen passen zu den Vorwürfen der alttestamentlichen Propheten: Hier wird der lebendige Gott vergessen. Ist Fußball wirklich ein Problem? Ja, denn die Fußball-WM in Katar wird auf dem Rücken von Sklaven vorbereitet, selbstverständlich ist sie verwoben mit Korruption. Selbstverständlich wird die Schöpfung Gottes mit Füßen getreten, wenn in einem Wüstenstaat ein Rasensport ausgetragen wird...

ten zu Gott redet. Dass ich nicht blindlings und unkritisch alles übernehme, was er äußerte, versteht sich von selbst.[69] Auch die Bibel betrachte ich mit kritischen Augen und habe auch bei unbefangener Lektüre die historisch-kritische Sicht im Hintergrund. Bei meiner Arbeit als Sektenbeauftragter in Nürnberg kamen mir viele „Propheten" oder „Apostel" unter, die ich unter „unecht", „falsch" oder „gefährlich" einordnete. Die Kriterien „Wie hält er / sie es mit der Freiheit der Anhänger" oder „wie ist es mit der Gleichberechtigung gerade von Frauen bestellt" (Galaterbrief) reichten häufig schon für eine erste Sichtung, bei der die römische Kirche auch nicht immer eine gute Figur machte.

Martin Luther King verstehe ich als einen Propheten. Das kommt noch vor dem Mann, der sich gegen die Segregation für die Gleichberechtigung der Rassen und letztlich aller Bürger seines Landes engagierte.

5.2 Der Mystiker und die Stimme des Herrn

Am 1. Dezember 1955 hatte Rosa Parks in Montgomery, Alabama sich geweigert, ihren Platz im Bus für einen Weißen zu räumen. Busstreiks folgten und der neu zugezogene Baptistenpfarrer Martin Luther King stellte sich an die Spitze. „Natürlich" gab es Widerstände und Anfeindungen und sie wurden immer krasser. King zitierte einen der vielen „angry voice"-Anrufer: „Listen, nigger, we've taken all we want from you. Before next week you'll be sorry you ever came to Montgomery!" Es klang sich angesichts des brutalen Kontextes als übliche Bedrohung, aber für King war die Grenze der Belastbarkeit erreicht. Er schrieb vom „Saturation point".

Es ist der 27. Januar 1956 und er ist bereit, aufzugeben, weil es für ihn nicht mehr zu ertragen ist. Er kann nicht schlafen. Er geht in die Küche und kocht sich einen Kaffee. Er denkt an seine Familie, seine kleine Tochter. Und er faltet die Hände zum Gebet. Sein Gebet bleibt ihm lebendig in Erinnerung. So betet er zu seinem Herrn: „Lord, I'm down here trying to do what's right...." Dann geht er voll in sein Thema, dass er sich schwach fühlt, nicht mehr weiter kann: „Lord, I must confess that I'm weak now..." Er schüttet seinem Herrn sein Herz aus. „I am at the end of my powers..."

Er war von Null auf Hundert in wenigen Tagen gegangen. War dies eine Überdosis? Die Mitstreiter und die Sympathisanten bewunderten ihn auch, weil sie spürten: „Ich finde gut, was er macht. Aber ich selbst

---

[69] Auch er selbst folgte sich nicht immer unkritisch, sondern revidierte Einsichten aufgrund von Erfahrungen.

könnte es nicht bringen, das würde ich nicht schaffen." Zu seinem Weg gehörte nicht nur Charisma, gehörte nicht nur eine brillante Rhetorik, es gehörte auch viel Mut dazu und noch mehr Kraft. Wirkte er in der „Kraft des Geistes"?

In dieser Nacht in der Küche hört er in sich die Stimme seines Herrn sprechen. Dieser ruft ihn beim Namen: „Martin Luther, stand up for righteousness! Stand up for justice! Stand up for truth! And lo, I will be with you. Even until the end of the world!"[70]

Er hört Gott sprechen. Gott, der Herr ruft ihn bei seinem Namen. ER bekräftigt seinen Auftrag. Und er verheißt, an Kings Seite zu bleiben...

Vielleicht meinen manche, King gäbe hier mit einer frommen Geschichte an. Vielleicht meinen manche, King habe sich nur eingebildet, dass diese innere Stimme von Gott kommt. Vielleicht meinen manche, King täuschte sich und andere mehr oder weniger bewusst. Aber wer sich in dieser Welt auskennt, dem ist es durch die Jahrtausende vertraut: Genauso spricht Gott, der Herr. Genauso spricht Jesus, wenn er sich den Seinen zuwendet. Ich kann das bezeugen und weiß, dass er sehr persönlich spricht. Er weiß, zu wem er spricht. Es ist eine eigenartige Erfahrung, wenn Gott zu einem spricht.[71]

King geht nach diesem Gespräch zu Bett. Am nächsten Morgen beginnt sein Alltag wieder.

Dieses Zwiegespräch hatte Folgen: Am nächsten Tag wurde ein Bombenattentat auf die Kings verübt. Wir kommen später noch darauf zu sprechen. Aber für King war der Umgang mit diesem Attentat geprägt durch die Worte des Herrn, die er gehört hatte.

Ein Jahr später, der Busstreik in Montgomery hatte längst zu einem bürokratischen Erfolg geführt, tourte King durch Afrika. Auch bei einer Predigt in Ghana beschreibt er, dass er Gott reden hört. Der Herr der Welt, des Universums ruft durch das ganze Universum: „Halt still! Merke dir, dass ich Gott bin! Wenn Ihr mit der Ausbeutung nicht aufhört, erhebe ich mich und breche eurer Macht das Rückgrat! Eure Macht wird verschwinden!" So weit zitierte King die Worte des Herrn, die den Gottesworten ähneln, die wir aus den Botschaften des Alten Testamentes kennen. King selbst verwies auf die großen Nationen der Vergangenheit, de-

---

[70] Alle Zitate in dieser Passage aus Autobiography, S.77f.
[71] Freilich ist es eine enttäuschende Erfahrung, wenn Gott schweigt, wo man mit ihm rechnet...

ren Macht gebrochen sei und spottete fast über die Briten, die sich brüsteten, in ihrem Reich würde die Sonne niemals untergehen. Denn jetzt schaffte es die Sonne kaum, über ihrem Reich aufzugehen...[72]

Der Herr richtet eben nicht nur individuelle stärkende Worte an seine Diener, sondern fordert Anerkennung seiner Selbst und seines Willen von den Menschen auf diesem Planeten. Wir können die ausbleibenden Folgen seit Jesaja, Jeremia, Jesus und King kritisch sehen. Aber wer Gottes Stimme gehört hat, weiß um ihre Macht.

5.3 Der Teufel ist noch da und er ist weiß

Bei allen Erfolgen des Christentums: Der Teufel ist noch an der Macht – gerade an den Hebeln der Macht. Am schlimmsten wütet er durch Christen, wenn diese sich als Gegner des Teufels gerieren, denken wir an die Hexenverbrennungen oder die Inquisition. Aber viele „Werke des Teufels" blieben nicht in der Vergangenheit, sondern konkretisieren sich in der Gegenwart[73]. Jesus selbst benannte die Gefahr, durch das Böse in Besitz genommen zu werden vor allem für Menschen, die sich um eine reine Seele bemühen.[74]

Wie Jesus unaufrichtige Pharisäer[75] klassifiziere ich „Christen" mit unchristlichen Intentionen als Heuchler. Kritische US-Poeten etikettieren mit „Hypocrite" reaktionäre „anständige weiße Menschen". An ihnen

---

[72] S.113 "The Autobiography of Martin Luther King, Jr., ed. Clayborne Carson

[73] Später wurde der Großinquisitor Kardinal Joseph Ratzinger Papst. Auf welcher Seite er steht, demonstrierte er bei der Grablegung von Franz Joseph Strauß, den er als Säule der Kirche bezeichnet, obwohl dieser die katholische Kirche lediglich als nützliche Idioten benutzte. Seine wahre Haltung zeigte Strauß, als er den Kölner Erzbischof Joseph Kardinal Höffner anherrschte, der solle sich gefälligst auf die Kirche beschränken und nicht in die Politik einmischen. Der Erzbischof hatte sich kritisch zur Kernenergie geäußert, die Strauß seinerzeit als Atomminister den Deutschen aufgedrückt hatte mit der einkalkulierten Folge, dass die Entsorgung des verstrahlten Materials bis heute nicht gelungen ist und wenn, dann auf alle Fälle außerhalb von Bayern stattfindet. Der bayerische Chef der „Glaubenskongregation" (= Inquisition) Ratzinger, dessen Vater Polizist im Dritten Reich war, sprach Strauß nahezu heilig. Offenkundig ist in den christlichen Kirchen nicht nur der Geist Christi unterwegs, sondern auch der Geist des Teufels. Dass Ratzinger als Papst Benedict XVI. abdankte, zeigt allerdings, dass in ihm auch noch ein anderer Geist zur Wirkung kam.

[74] Vermutlich hätte Jesus bei vielen "Frommen" keine Chance, nicht nur in den USA. Es lässt sich auch bei Christen aus der ehemaligen UdSSR beobachten, für die die Funktion von Jesus sich vorwiegend gegen die kommunistische Gewaltherrschaft richtete, aber auch, wie Spätaussiedler immer wieder vermitteln, ein Protagonist des fleißigen Kleinbürgers oder Bauers ist.

[75] Die fromme jüdische Gruppierung der Pharisäer hatte eigentlich hohe Ideale, wollte in Jahwes Augen untadelig dastehen. Weil dies nicht gelingen konnte, lag die Gefahr der Heuchelei nahe.

lassen sich Kennzeichen des „Teufels" registrieren. Gerne platzieren sie: „Wir sind die Guten, dort sind die Bösen". Bei der Unterscheidung von Gut und Böse muss man belastbare und kommunikable Kriterien benennen. Kritisch wird es, wenn „das Böse" oder „die Bösen" mit Mitteln bekämpft werden, die zum Instrumentarium des Bösen gehören. Offenbar ist mein Point of view stark von der Botschaft Martin Luther Kings geprägt. Der Gebrauch von bösen Mitteln stellt die Integrität des „Verteidiger des Guten" in Frage – was noch kein Urteil beinhaltet.

Bei Bonhoeffer[76] spielte diese Problematik eine große Rolle. Er formulierte glasklar, mit dem Tyrannenmord unvergebbare Schuld auf sich zu laden. Diese Schuld könnte man mit menschlichen Argumentationen rechtfertigen. Rechtfertigungsversuche lösen das ethische Problem nicht, sondern artikulieren das Dilemma für das Gewissen. Der unsägliche CDU-Ministerpräsident von Baden-Württemberg, Hans Karl Filbinger rechtfertigte in den 80ern seine Todesurteile für Deserteure nach dem 2. Weltkrieg wie alle Juristen mit „was Recht war, muss Recht bleiben". Zugleich erklärte er als ethische Rechtfertigung, dass wir als Menschen immer Sünder seien. Das stimmt natürlich, enthält bei ihm aber nicht die Einsicht, dass diese Sünde den Tod verdient hätte – also dass Herr Filbinger den Tod verdient hätte – und Jesus diesen Tod übernommen hat. Diese heuchlerische pseudochristliche Argumentation offenbart den Redenden als Kind des Teufels. Das ist so ansteckend, dass wir es bei seinen heutigen Anhängern immer wieder erkennen können.

Jesus sagte: „Nicht die Starken bedürfen des Arztes, sondern die Kranken. Ich bin nicht gekommen, Gerechte zu rufen, sondern Sünder." Mk.2,17 Wer sich selbst gerecht spricht mit der Berufung auf sein Christsein, wird vom Arzt nicht mehr besucht. Wenn der Patient sagt: „Herr Doktor, ich bin doch gesund…", kann der Arzt einpacken. Wie oft erlebt wohl ein Arzt, dass dann, wenn der Patient endlich zugibt, dass er krank ist, es für eine aussichtsreiche Therapie zu spät ist? Unser Herr will uns helfen, weil wir es brauchen. Aber er will uns keinen Persilschein ausstellen.

Aber kehren wir zurück zu den Predigern des Teufels in „God's own country", wie die europastämmigen US-Amerikaner ihr von den Indianern geraubtes Land gerne nennen. Ich gehe nicht in die 60er zurück, sondern bleibe im 21. Jahrhundert, in dem die weißen US-Amerikaner ihre hässliche Fratze zeigen: Ein selbsternannter „Bibelwatchman" ergoss seine Sermone ins Internet. Dabei erregte er sich 2009 darüber, dass

---

[76]Schoßwald, Dietrich Bonhoeffer, 2017

der Martin-Luther-King-Holiday komme und am Tag darauf Obama Präsident der USA würde. Martin Luther King galt für ihn als falscher Prophet allein schon dadurch, dass er den Weg für diesen Präsidenten, den der Bibelwächter den Antichristen nennt bereitete. Bürgerrechte und Modernismus sind für ihn Werk des Teufels und die armen US-Bürger, die darauf abfahren, sind schon in den Händen des Teufels. Er musste dies auch nicht biblisch begründen geschweige denn verstandesmäßig, weil bereits die Worte „civil rights, modernism und social gospel" direkt vom Teufel stammten.[77]

Nota Bene zitieren wir hier nicht aus dem Mittelalter, auch nicht aus der islamischen Welt, sondern aus dem 21. Jahrhundert. Ich gehe davon aus, dass die AfD, die sich zu Weihnachten 2017 als die einzige christliche Partei definierte, in der gleichen Weise vom Teufel gesteuert wird. Psychologen würden den Begriff „Teufel" hier vermeiden, aber er klassifiziert eindeutig: Diese Menschen sind auf der bösen Seite. Seiten kann man auch wechseln, also ist die Hoffnung nicht aufgegeben, aber es ist nicht sehr einfach, da der Teufel über sehr angenehme Hilfsmittel verfügt, z.B. den Verzicht auf schwierige Differenzierungen oder Infragestellung der eigenen Integrität. Das ist freilich wie eine ansteckende Krankheit, gegen die Menschen mal mehr, mal weniger Antikörper haben. Entsprechend ließen Politiker anderer Parteien, die auf den Erfolg schielen, sich durch diese menschenwürdeverachtenden neuen Faschisten anstecken.

Der angefeindete Martin Luther King Holiday ist nationaler Gedenktag, der seit 1986 jeden dritten Montag im Januar begangen wird. Er liegt im Zeitraum von Kings Geburtstag am 15. Januar, im Jahre 2018 sogar genau darauf.

Aus den Jahren um Kings Ermordung erklingen als Zeitzeugnis die Beatles mit ihrem „Weißen Album". In „Blackbird" besang Paul McCartney ein schwarzes Mädchen und kennt keine Rassengrenzen.

---

[77] *www.biblewatchman:* "I'm preaching this sermon on Jan. 18, 2009 and tomorrow is the Martin Luther King holiday and the next day Obama becomes president of the U.S. God has warned us not to follow deceitful false prophets, especially in these end times. And God especially warns us to beware of false prophets like Martin Luther King who say "I have a dream." False prophets come in all colors - black, brown, and white. Martin Luther King was a false prophet preparing the way for the U.S. President-Antichrist. …The 'Reverend' Dr. *Martin Luther King* was a heretic and a false prophet who 'preached' a social gospel using black churches as a spring board. He denied the basic tenets of the Christian faith as you can find out by surfing the web." Pastor Mike Storti 5000 N. LaCholla- Lot 76 Tucson,

John Lennon setzte sich in „Revolution" mit den geistigen und politischen Strömungen seiner Generation auseinander, etwa die Studentenunruhen in Paris, der Vietnamkrieg und die Mystifizierung des Diktators Mao Tsetung.

Die Beatles werden politisch

Ganz frisch war die Verwundung der "Sgt. Pepper - Generation" durch die Ermordung von Martin Luther King. Die Verherrlichung von Mao und die Verklärung von Gewalt gegen das „Establishment" konterkariert Lennon mit „But if you want money for people with minds that hate...". Die angeblich gerechte Sache von Weltverbesserern misst er auch an ihren Methoden.[78]

Mao hatte schon 1936 erklärt: „Der Krieg ist die höchste Form des Kampfes zur Lösung von Widersprüchen..." und 1938 ergänzt: „alle Kriege, die dem Fortschritt dienen, sind gerecht, alle Kriege, die den Fortschritt verhindern, sind ungerecht. ... Wir Kommunisten treten nicht nur für gerechte Kriege ein, sondern wir beteiligen uns aktiv an ihnen."[79] Wer ihm zustimmt, sollte die Kulturrevolution in China intensiv studieren und die folgenden Jahrzehnte. Wer den Krieg rechtfertigt, steht meist nicht auf der guten Seite, wenn der Krieg zu Ende ist.

---

[78] „Fromme" US-Amerikaner hätten Lennon gerne auch 1966 nach seiner "Jesus"-Äußerung auf den Scheiterhaufen gestellt. Seine Ermordung war herostratisch motiviert, nicht politisch. – Eine eigene Strategie gegen den Vietnamkrieg entwickelte der erfolgreiche Rockgitarrist Ted Nugent. Er verhinderte seine Einberufung durch Verzicht auf Hygiene vor der Musterung und eine konsequente Ernährung von Fastfood und Cola. Im Übrigen belegt er als Neo-Faschist wieder einmal, dass Faschisten Feiglinge sind. Denn dieser Drückeberger (in den Worten von F.J.S.) forderte den Einsatz von Atombomben im Irak-Krieg. Er war Gast bei Donald Trump am 20.4.2017, also Hitlers Geburtstag. Trotzdem spielt er traumhaft Gitarre.

[79] Mao Tse-Tung Brevier S.55f.

Der Ökumenische Rat der Kirchen fragte zurecht an: „Wie soll bei einem Sieg dem Entstehen neuer Systeme gesellschaftlicher Gewalt vorgebeugt werden? Wie kann man die alten Ketten der Unterdrückung brechen, ohne gleichzeitig neue zu schmieden? Wie kann erreicht werden, daß die angewandte Gewalt im Verhältnis zu den angestrebten Zielen vertretbar bleibt?"[80] Dies formulierte der Rat zu allen Seiten hin.

Bei der Auseinandersetzung zwischen Gegnern von Martin Luther King und seinen Anhängern gibt es ein wichtiges Kriterium. Gott hat es mir durch meinen Herrn Jesus gezeigt: Gott ist die Liebe und nur, wo die Liebe ist, regiert Gott.[81] Freilich ist Gott auch dort gegenwärtig, wo die Liebe nicht herrscht. Das zeigte er uns am Kreuz.

Die Liebe zeigt sich nicht als ihr Gegenteil, wie uns manche Menschen weißmachen wollen. Erinnern wir uns an den Vater, der in seinen Sohn die Liebe hineinprügeln wollte. Gewalt und Hass tragen die Liebe eindeutig nicht weiter. Die Art und Weise, wie die Europäer die Botschaft des Evangeliums nach Amerika brachten, prügelten, mordeten, raubten... pervertierte dieses Evangelium. Diese Geschichte prägt auch Nordamerika bis heute. Gott ist arm dran, weil er sich den Menschen ausgeliefert hat. Die besten Argumente gegen Gott liefern seine hasserfüllten und egoistischen Anhänger.

Der Teufel ist noch da und er ist weiß. Martin Luther King wollte solche Plakatierungen nicht haben, weil er erkannte: Es geht immer um Menschen. Wir finden auch unter den weißen US-Amerikanern Menschen guten Willens. Zweifelsfrei stoßen wir unter den farbigen US-Amerikanern ebenfalls auf Hypocrites, auf Menschen mit egoistischen und faschistischen Interessen und Zielvorstellungen. Dabei verfügen die weißen Hypocrites immer noch über die effektiveren Mittel.

Aber King wollte das Evangelium wirksam werden lassen. Darum sind alle Feindbilder zu erledigen und die Botschaft der lebendigen Liebe zu verkündigen und umzusetzen.

6 Vom Propheten zur Leadership

Seine religiösen Erfahrungen und sein gesellschaftliches Engagement sind zutiefst verzahnt. Er konnte aus vollem Herzen predigen und die

---

[80] ÖKR „Bericht von der Konsultation über Gewalt, Gewaltlosigkeit und der Kampf um soziale Gerechtigkeit" 1972 S.104
[81] Joh.4,16. Als ich konfirmiert wurde, gab mir mein Vater diesen Spruch als Leitlinie mit. Er erinnerte mich auch immer wieder daran, nicht zuletzt, als ich Pfarrer wurde.

Herzen bewegen, aber er bewegte sich auch dorthin, wo die Auseinandersetzungen tobten, er bewegte sich dorthin, wo es um Gerechtigkeit ging. Jesus hatte ihn dorthin geschickt.

Abraham Lincoln: Monument oder Wirklichkeit?

6.1 Busstreik: Rosa Parks bleibt sitzen

1955 zogen die Kings nach Montgomery. Diese große Stadt im Süden unterlag den üblichen rassistischen Reglementierungen, vor denen selbst Lincoln gezittert hätte[82]. Es gab Schulen, Parkbänke oder Aufzüge „Whites only" und „Coloreds only" (nur für Weiße/Farbige). In den Bussen waren die vorderen vier Reihen exklusiv für Weiße reserviert. Der hintere Teil war für die afroamerikanischen Passagiere reserviert. Im mittleren Teil durften die Reihen nur von Schwarzen benutzt werden, wenn kein einziger Weißer einen Platz beanspruchte.

Montgomery, Alabama, 1. Dezember 1955, in einem öffentlichen Bus: In dem Busabschnitt, der mit coloured gekennzeichnet ist, will sich ein weißer Fahrgast hinsetzen. Kein Problem. Aber alle drei schwarzen Fahrgäste, die in dieser Reihe sitzen, müssen nun ihren Platz freimachen. Alle! Weil sonst die Rassentrennung gefährdet wäre und mit ihr die öffentliche Ordnung. Rosa Parks bleibt sitzen.

Rosa Parks[83] Sekretärin der NAACP, der National Association for the Advancement of Colored People war nicht nur einfach müde vom Arbeiten, sie war auch müde, immer wieder aufgrund ihrer Hautfarbe schikaniert zu werden: Bereits als Grundschülerin hatte sie zur Schule laufen müssen, weil der Schulbus für weiße Kinder reserviert war.

---

[82] Auch Abraham Lincoln war Baptist und lehnte aus religiösen Gründen die Sklaverei ab, wenngleich man seine anderen politischen Interessen nicht immer als untergeordnet ansehen darf.
[83] *4.2.1913 in Tuskegee, +24.10.2005 in Detroit.

Der Busfahrer ruft die Polizei. Rosa Parks wird verhaftet und verurteilt, wegen Störung der öffentlichen Ordnung. Ihre Strafe betrug 10 Dollar plus 4 Dollar Gerichtskosten.

Angesichts Verurteilung der Methodistin mischte sich ein junger Baptistenprediger ein: Martin Luther King. Er organisierte mit seiner „Montgomery Improvement Association" den Montgomery Bus Boycott, der als Auslöser für landesweite Proteste der Bürgerrechtsbewegung in Amerika gilt.

Diese Szene führte zu dem effektivsten Einsatz von zivilem Ungehorsam, dem die vorgebliche Schutzmacht der Freiheit, die USA, bis dato ausgesetzt war. Freiheit war nicht nur in den Südstaaten auch fast hundert Jahre nach Lincoln und dem Sezessionskrieg die weiße Freiheit. Unter der Führung von Martin Luther King nahmen sich nun die Schwarzen in Montgomery die Freiheit, keine öffentlichen Busse mehr zu benutzen. Diesen Boykott unterstützen auch weiße Mitbürger, nicht zuletzt durch Mitfahrgelegenheiten und Taxidumpingpreisen (10Ct); Demonstrationen füllten die Protestaktion auch inhaltlich. Die weiße Polizei Alabamas ihrerseits schützte die weiße Freiheit monatelang vor dem Begehren der Schwarzen nach ihrem Recht, bis die Bundespolizei einschritt.

 Freiheit!

Weniger geschützt wurde Rosa Parks. Sie musste mit ihrem Mann fliehen - nach Detroit. Über 1000km von den Südstaaten in die Nordstaaten, wie vor dem Ende der Sklaverei. Zunächst jedoch erlebte sie den Erfolg ihres Engagements noch in Montgomery, als der Boykott nach über einem Jahr (!) durch ein höchstrichterliches Urteil beendet wurde, in dem die Rassentrennung im öffentlichen Bereich für verfassungswidrig erklärt wurde und in der Folge die sog. Jim-Crow-Gesetze vollständig abgeschafft wurden (das galt schon 1954 für die Schulen, aber erst 1964 allgemein).

Rosa Parks stammte aus Tuskegee / Alabama: Dort wurden die Tuskegee Airmen ausgebildet: Schwarze Kampfpiloten, die im Einsatz gegen Deutschland im zweiten Weltkrieg besonders erfolgreich waren.

Trotzdem galt auch in der Armee die Rassentrennung: Getrennt leben, gemeinsam sterben. Ernst Schultz[84] erzählte mir von seiner Flucht (er war erst zwei Jahre alt) aus dem Warthegau, dass seine Mutter als erste „Befreier" schwarze US-Amerikaner sah. Es war ein klares Programm: Die Schwarzen werden vorgeschickt, falls die Deutschen doch noch schießen.

Die junge Mutter schilderte es so: „…dann kam der Augenblick, dass die Amerikaner in Greiz einmarschierten, weil Greiz sich nicht ergeben wollte und in Schutt und Asche gelegt werden sollte. Im letzten Moment hat wohl noch irgendeiner ein weißes Fähnchen gezeigt. …aber Greiz musste bestraft werden, weil es sich wehren wollte. Und dafür wurden die ganzen Häuserblocks einzeln abgesperrt, und zwar meistens von Negern! So auch unser Häuserblock. Also, wenn du raus oder rein wolltest, war's immer ein Kampf das zu erreichen – mit Ausweisen und Schikanen und allem – und dann war's schwierig, weil in der Küche auch mit Holz und Kohle gekocht wurde und das nie reicht – das Mädchen von Schöpplers und ich hatten im Wald in Greiz, an der Elstern, hatten wir einen, nun ja, jedenfalls transportierbaren Baum gefunden, der in der Elster lag, wir hatten jedenfalls die Idee, den würden wir schon irgendwie nachhaus schaffen, aber auch der Wald war von Negern umstellt, merkwürdig, es waren meistens Neger, es waren schon auch noch andere Amerikaner dabei, aber am meisten habe ich Neger gesehen. Und die bewachten also auch den Wald."[85]

So weit Frau Schultz im Umfeld des Krieges.

Neger sein hieß auch in der Army, Mensch zweiter Klasse zu sein, selbst wenn du erstklassiges Leben einzusetzen hast oder aus militärischer Sicht erstklassige Leistungen abliefertest, wie etwa die Tuskegee Airmen.

Ebenso empörend ist die sog. Tuskegee-Syphilis-Studie: Seit 1932 wurden 400 schwarze Einwohner, die an Syphilis erkrankt waren, ohne ihr Wissen nicht mit Penicillin behandelt, um die Spätfolgen beobachten zu können. Diese an die Nazis (Mengele) erinnernde Studie wurde erste 1972 (!) abgebrochen.

Diese beiden Seiteninformationen zu Rosa Parks Heimatstadt lassen eine Ahnung davon aufsteigen, was Rassendiskriminierung in ihrer Totalität und Brutalität bedeutet und zugleich, dass selbst Demokratie und freie Presse kein Garant für Gerechtigkeit sind. Zivilcourage (Parks) und Charismatik (King) gehören unverzichtbar zum erfolgreichen Engagement für eine gerechtere Welt.

---

[84] Mitbegründer der legendären Deutsch-Rock-Band „Ihre Kinder"
[85] Das Zitat stellte mir Ernst Schultz zur Verfügung.

6.2 Attentat in Montgomery

Am 30. Januar 1956 führte King wieder die Montagsdemonstration in der baptistischen Kirche „First Baptist Church" an[86]. Gegen sieben Uhr hatte er das Haus verlassen und ein Gemeindeglied blieb bei seiner Frau und seiner Tochter.[87] Gegen halb zehn hörten sie ein Geräusch, als würde ein Dachziegel vom Haus fallen und unmittelbar danach eine riesige Detonation. Vor der Haustüre war eine Bombe explodiert. Die Nachricht verbreitete sich in Windeseile, aber man versuchte, sie von King fernzuhalten. Der spürte die Unruhe, schöpfte Verdacht und drängte seine Freunde, ihm die Wahrheit zu sagen. Ralph Abernathy schließlich klärte ihn auf, mit der erleichternden Nachricht, dass es der Familie gut ging.

Die Erfahrung mit Gott, dem Herrn drei Tage zuvor hatte ihn gefestigt und so konnte er trotz des Schocks die Leitung übernehmen und seinen Leuten ins Gewissen reden: Wir dürfen jetzt nicht schwach werden. Wir müssen jetzt auf unserem Weg bleiben. Und unser Weg ist der Weg der Gewaltlosigkeit. Bekämpft den Wunsch nach Rache in euren Herzen. Sonst haben wir verloren.

Die Leute gingen nach Hause, es blieb ruhig.

Bei ihm zu Hause aber hatte sich eine Menge Schwarzer versammelt und Polizisten, natürlich weiße, gingen in der üblichen rüden Art gegen diese vor, um sie von der Straße zu bringen. Ein Schwarzer erklärte einem Cop[88], er würde sich nirgendwohin fortbewegen. Es sei das Problem, dass die Weißen die Schwarzen immer herumstießen, aber damit sei Schluss. Der Polizist habe seine 38er, er selbst habe seine und jetzt könnten sie es ja ausfechten. Der Schusswechsel fand noch nicht statt., doch King merkte: „Nonviolent resistance was on the verge of being transformed into violence."

Die herbeigeeilten Autoritäten bedauerten den „Zwischenfall", aber Kings Freunde erklären ihnen, die Stadtoberhäupter hätten diesen „Zwischenfall" durch das Schüren der Segregationszustände herbeigeredet. Die weißen Reporter wie die Stadtvertreter bekamen Angst um ihr Leben, als immer mehr Menschen hinzu kamen und ihre Bereitschaft zur Gewaltanwendung signalisierten. Diesen Weg aber wollte King nicht beschreiten. Er hatte sich nach dem „Wohlbefinden" seiner Familie erkun-

---

[86]Mancher denkt vielleicht an 1989 und die Leipziger Montagsdemonstrationen, die bald in die damalige DDR ausstrahlten.
[87]Dokumentiert in Autobiography S.78ff.
[88] Die Verwendung des Wortes „Polizist" in diesem Kontext scheint mir eine Beleidigung für unsere deutsche, rechtsstaatliche Polizei zu sein.

digt, war vordergründig erleichtert und trat vor sein Haus. Als die pulsierende Menge verstummte, redete King zu den Menschen, als würde er eine Predigt halten. Er bezog sich auf die Bergpredigt, die unseren Mächtigen und Realisten ein Dorn im religiösen Auge ist. King erinnerte an Jesu Aufforderung: „Liebt eure Feinde!" Das sei jetzt die Aufgabe in dieser Situation: „Liebt eure Feinde!" Die Menge beruhigte sich, trotz eines Bombenattentats auf ihren Anführer, auf ihr Idol und es erklangen Rufe wie „Amen", „God bless you" und „We are with you, Reverend".

Nachdem Polizei und Freunde abgerückt waren und die Familie zur Ruhe kam, hatte King Zeit für sich. Seine Frau und sein Kind schliefen. Ihm wurde klar, dass es die beiden hätte das Leben kosten können. Dieses „Liebet eure Feinde!" schmeckte bitter. Ärger, Wut stieg in ihm hoch. Ich bin geneigt, zu sagen: Zum Glück! Wie menschlich wäre denn dieser Mensch gewesen, wenn er diese Gefühle nicht empfunden hätte?

Einen Menschen aus Fleisch und Blut lässt diese Erfahrung nicht kalt. Mich haben schon viel kleinere Ärgernisse in berechtigte Wut versetzt. Es ging hier um Leben und Tod, um Leben und Tod von Unbeteiligten. Ich kann da plastische Rachephantasien entwickeln, die ich auch zulasse. Was ich nicht zulasse, ist eine Denkrichtung, die zur Umsetzung tendiert. Der biblische Satz „Mein ist die Rache, spricht der Herr" hat für mich eine hohe ethische Qualität. Die in den USA so beliebte Tendenz zur Selbstjustiz macht mehr Angst von den selbstgerechten Mördern als sie das Bedürfnis nach ausgleichender Gerechtigkeit befriedigt.[89]

King erlebte sich angesichts der höchst persönlichen Betroffenheit durch das Attentat und die anhaltende Bedrohung auf der Kippe zum bewaffneten Widerstand. „I was once more on the verge of corroding hatred." Er verbot es sich um seines Seelenheiles willen, bitter zu werden. Rückblickend prägten ihn beim Umgang mit diesem Attentat die Worte des Herrn, die er zwei Tage zuvor gehört hatte.[90]

Dann ging er schlafen. Frühmorgens weckte sie ein Pochen an der Tür. Erschrocken eilte er zum Eingang, aber durch ein Fenster schimmerte die Silhouette seines Schwiegervaters. Dieser wollte Tochter und Enkelkind in Sicherheit bringen. Doch Coretta erklärte ihm ruhig, ihre Aufgabe sei es, an der Seite ihres Mannes zu stehen. King bewunderte seine Frau um dieser Standhaftigkeit willen.

Zwei Nächte später gab es ein Bombenattentat auf den Mitstreiter E.D.Nixon, das glücklicherweise ohne Opfer abging. Abermals kam eine

---

[89]Ich verweise auf das narrative Schlusskapitel in meinen Buch über Bonhoeffer, das eine Vorstellung der göttlichen Gerechtigkeit zum Leben erweckt.
[90] Siehe Kap.4.2

große Menge Menschen ohne Gewaltausbrüche zusammen. Den ersten und zweiten Test hatte der gewaltfreie Widerstand bestanden, kommentierte King in seinen Aufzeichnungen.

Im dialektischen Sinne aufgehoben war das Ziel des Kampfes im Wort „Gleichheit". Poetisch hinterfragte Bob Dylan die Diskussion:
A self-ordained professor's tongue, Too serious to fool, Spouted out that liberty Is just equality in school. "Equality," I spoke the word As if a wedding vow. Ah, but I was so much older then, I'm younger than that now.[91]

Mit der Zeit erkannte King, dass die Lösung des Problems einer gemeinsamen Beschulung nicht reichte. Die soziale Frage musste gelöst werden. Sonst bleibt es beim Pathos „too serious to fool".

7 Der gewaltlose Kampf geht weiter

Der Kampf ging weiter, der Kampf um Bürgerrechte wie der Kampf Kings um tiefere Erkenntnis der Wahrheit und des richtigen Weges. Jesu „Ich bin der Weg und die Wahrheit" musste zu Gründen und Methoden des Widerstandes in Beziehung gesetzt werden.

King war schon durch die Berichterstattung zum Busstreik in Montgomery für den Namen Gandhi sensibilisiert. Er gehörte für King noch zur politischen Gegenwart. Bei ihm fand er das Konzept, das ihn überzeugte, die Konzentration auf Liebe und Gewaltlosigkeit, wobei Gandhi nicht als der Motivator fungierte. King bewegte Jesus. Bei Gandhi überzeugten ihn die passende Grundeinstellung und darauf zugeschneiderte Methoden für das Erreichen von sozialen Reformen gegen eine feindlich eingestellte Herrschaft.

Zudem rezipierte er Reinhold Niebuhrs Pazifismuskritik: Der naive Glaube an das Gute im Menschen geht an der Wirklichkeit vorbei, da im Menschen auch ein böses Potential steckt. Das betonte schon Kings Namenspatron Luther.

Zufall, Fügung oder Gottes Fingerzeig: King erkannte bei der Lektüre von Gandhis Schriften: Gewaltloser Widerstand ist realistisch... Vor allem Gandhis Salzmarsch bewegte ihn: We shall be moved! Zur Auseinandersetzung mit Gandhi motivierte ihn Dr. Mordecai Johnson, Präsident der Howard University.[92]

Den Propheten der Gewaltlosigkeit kannte King wie viele seiner Zeitgenossen oberflächlich. Gandhis Konzept von Satyagraha[93] begann ihn

---

[91] My back pages, 1964
[92] Autobiography S.23
[93] Martin Luther King: Satyagraha means truth force or love force.

zu überzeugen. Es war keine plötzliche Bekehrung, sondern ihn erfasste immer mehr Gandhis Weg zum Frieden in Freiheit und Gerechtigkeit.

Gandhi war trotz seiner Rückbezüge auf die Bergpredigt kein Christ und für King auch nicht der neue Messias: „Christ furnished the spirit and motivation while Gandhi furnished the method."[94] Er musste in eigener Weise Gandhis Methodologie und das Evangelium in Beziehung setzen.

Bei seinem USA-Besuch 1956 erwirkte Indiens Premierminister Nehru eine Begegnung mit King. Nehrus Einladung nach Indien nahm King an, aber immer wieder kam etwas dazwischen, nicht nur die Ghana-Reise, sondern auch Frau Curry.

King kommentierte es unglaublich entspannt ironisch: Nachdem er etliche Hinderungsgründe für eine Indienreise aufgelistet hatte, schrieb er „Then along came Mrs. Izola Ware Curry. She not only knocked out the travel plans that I had but almost everything else as well." Hinter diesem "Vorbeikommen" versteckte sich ein Mordanschlag von Mrs. Curry mit einem Brieföffner am 20.2.1957 bei einer Signierstunde. Ganz vorsichtig musste King operiert werden. Die Operation war letztlich erfolgreich, aber er schrieb: "...the razor tip of the instrument had been touching my aorta and that my whole chest had to be opened to extract it. 'If you had sneezed during all those hours of waiting,' Dr. Maynard said, 'your aorta would have been punctured and you would have drowned in your own blood.'[95] Über diese Szene hielt er eine beeindruckende Predigt, deren Cantus firmus lautete: "Wenn ich damals geniest hätte…" Hier ein Auszug:

And I want to say tonight -- I want to say tonight that I too am happy that I didn't sneeze. Because if I had sneezed, I wouldn't have been around here in 1960, when students all over the South started sitting-in at lunch counters. And I knew that as they were sitting in, they were really standing up for the best in the American dream, and taking the whole nation back to those great wells of democracy which were dug deep by the Founding Fathers in the Declaration of Independence and the Constitution.

If I had sneezed, I wouldn't have been around here in 1961, when we decided to take a ride for freedom and ended segregation in inter-state travel.

---

[94] Autobiography S.67
[95] Autobiography S.122

If I had sneezed, I wouldn't have been around here in 1962, when Negroes in Albany, Georgia, decided to straighten their backs up. And whenever men and women straighten their backs up, they are going somewhere, because a man can't ride your back unless it is bent.

If I had sneezed -- If I had sneezed I wouldn't have been here in 1963, when the black people of Birmingham, Alabama, aroused the conscience of this nation, and brought into being the Civil Rights Bill.

If I had sneezed, I wouldn't have had a chance later that year, in August, to try to tell America about a dream that I had had.

If I had sneezed, I wouldn't have been down in Selma, Alabama, to see the great Movement there.

If I had sneezed, I wouldn't have been in Memphis to see a community rally around those brothers and sisters who are suffering.

I'm so happy that I didn't sneeze."

Er schloss die Predigt: „Ich bin so froh, dass ich damals nicht geniest habe…" Diese Predigt hielt er am 3. April 1968. Es war seine letzte Predigt. Am nächsten Abend wurde er erschossen… Aber zwischen dem Mordanschlag von Frau Curry und James Earl Ray konnte er noch viel erreichen, da er nicht geniest hatte. Vor allem ließ ihn Gott vom Berg aus das gelobte Land sehen.

7.1 King reist in Gandhis Land

Mahatma Gandhi:મોહનદાસ કરમચંદ ગાંધી

Als King sich von dem Anschlag erholt hatte, begab er sich aus der Gefahrenzone und besuchte Indien.

Über Paris mit einem leckeren Essen flog er im Februar 1959 mit seiner Frau Coretta nach Indien. Dort traf er auf hochrangige Personen, aber dank der medialen Publizität erkannten ihn auch Leute auf der Straße. Er spürte eine brüderliche Verbindung, da er und seine Frau trotz ihrer Hautfarbe anerkannt waren. Dahinter vermutete er eine situative Bindung:

„…the strongest bond of fraternity was the common cause of minority and colonial peoples in America, Africa and Asia struggling to throw off racism and imperialism."[96] Freilich schien er sich dabei etwas vorzumachen. Gerade in Indien gab es verschiedene rassistische Strömungen. Zum einen bricht dort bis heute immer wieder eine Feindschaft zwischen Moslems und Hindus auf, zum anderen gibt es die „Unberührbaren".[97]

Nach der Ermordung Mahatma Gandhis elf Jahre zuvor trugen seine Mitstreiter („Gandhians") sein Werk weiter. Sie führten King tiefer in Gandhis Gedankenwelt ein. Den Kämpfer für gewaltlosen Widerstand beeindruckte an dem Inder vor allem „his absolute sincerity and his absolute dedication".[98] Hier kommen sich die beiden großen Männer, die sich nicht begegnen konnten, sehr nahe. Ernsthaftigkeit und Entschlossenheit konnten bei ihnen keine Attitüde sein wie bei einem Berufspolitiker. Sie mussten mit ihrer Persönlichkeit für ihre Integrität einstehen. King wie auch Gandhi sind nicht unkritisch zu sehen. Es ist aber schon interessant, wie Kritiker gerade ihren moralischen Lebenswandel in sexueller Hinsicht hervorkramen. Kings und Gandhis Ehefrauen oder Kinder könnten sich – auch öffentlich – über ihre Männer oder den Vater echauffieren. Aber wohlfeile Kommentatoren sollten sich das lieber verkneifen, denn bei dem, was die beiden erreichten, ist nur inhaltliche Kritik angemessen. Der Rest wirft ein schlechtes Licht auf die Rechercheure.

Bei Gandhi und King gäbe es sicherlich vieles zu kritisieren. Aber das muss am Ende immer in Relation dazu gesetzt werden, was sie erreicht haben. Ein farbiger US-Präsident und indische Ministerpräsidenten sind kein schlechtes Ergebnis.

King erzählte über seinen Indienaufenthalt durchaus schmunzelnd. So hielt er seine Vorträge, aber da die Inder an Spirituals interessiert waren, trug Coretta welche vor. Autogrammstunden, notierte er, seien nicht auf America (worunter er wie die Weißen exklusiv die USA verstand) beschränkt. Die Inder goutierten King offenbar besser als seine Landsleute: „Indian publications perhaps gave a better continuity of our 381-day bus strike than did most of our papers in de United States."[99]

King schockierte die unglaubliche Armut in Indiens Straßen. In meiner Kindheit und Jugend symbolisierten Bilder von indischen Kindern

---

[96] Autobiography S.123
[97] Gandhi wollte gerade mit diesem menschenverachtenden Kastenwesen aufhören. Die Nazis hingegen rühmten sich, Arier zu sein. Arier aber sind die Angehörigen der obersten indischen Kaste.
[98] Autobiography S.128
[99] Autobiography S.123

die Armut in der „Dritten Welt", die es zu bekämpfen galt. Als Hoffnungsträgerin erschien in Indien die albanische Nonne Mutter Theresa (1910-1997).

King registrierte unterschiedliche politische Überlegungen zur Zukunft Indiens. Die einen hofften auf eine Beteiligung am Reichtum des Westens durch eine entsprechende Öffnung, die anderen ahnten, dass damit nur eine kleine Minderheit mit Wohlstand verwöhnt würde, während die Masse arm blieb. Der Blick nach Indien offenbart heute eine brutale soziale Schere, die wesentlich (!) krasser ist als in Deutschland, wo man sie auch nicht unterschätzen sollte.

King lobte nach einem Treffen mit Lady Mountbatten, der Frau des ehemaligen Vizekönigs, dass diese nun als ehemalige Repräsentanten der Unterdrückung in Freundschaft mit Indien lebten[100]. Dies sei eine Frucht von Gandhis Konzept der Gewaltlosigkeit, bei der am Ende der ehemalige Unterdrücker und der ehemalige Unterdrückte Frieden miteinander haben. Ob die Motive wirklich so edel waren, wie King meinte, sei zumindest offengelassen.

Der Amerikaner traf in Indien bei den Asiaten auf Afrikaner. Die schwarzen Studenten bezweifelten, dass in den afrikanischen Diktaturen der Appell an das Gewissen zur Befreiung führen könne. Die Gandhians und King widersprachen: Gewaltfreier Widerstand kann, wenn er genau geplant ist und in direkte Aktionen mündet, auch bei totalitären Herrschaftsformen erfolgreich sein.[101]

King zitierte Gandhi, dass man beim Schwanken zwischen Feigheit oder Gewalt sich für den Kampf entscheiden soll. Gewaltlos sei nur die Form. Der Kampf setze direkte Begegnungen mit dem Gegner voraus, da dieser davon überzeugt werden solle, dass sein Verhalten falsch sei. Der Geist gehe in den Kampf, während der Körper passiv bliebe. Heute verweisen Kritiker, die prinzipiell dem gewaltfreien Widerstand, der „non-violent direct action" positiv gegenüber stehen, darauf, dass der Kontext entscheidend sei, ob eine Veränderung gelingt.

Wie kann Gewaltlosigkeit im globalen Kontext effektiv sein? Albert Schweitzer formulierte ein halbes Jahrhundert vor King als ethische Formel, die weltweit und kulturübergreifend wirken könne, die „Ehrfurcht vor dem Leben"[102]. Es geht darum, ob wir in unterschiedlichen Kulturen

---

[100] Freilich hatte Lady Mountbatten, die bereits 1960 starb, in den 30ern eine Beziehung zu Nehru. Ihr Mann wurde im Kontext des Nordirlandkonfliktes 1979 ermordet.
[101] Autobiography S.130
[102] „Albert Schweitzer, Antizipationen des Reiches Gottes", Schoßwald, S.44

uns auf einer grundlegenden Ebene ethisch verständigen und motivieren lassen können.

7.2 Gandhi, Nazis, Friedensforschung ...

Ein halbes Jahr nach Beginn des zweiten Weltkrieges bezog Gandhi zu „Hitler und Gewalt" dezidiert Stellung: „Doch um nun den Faden des Argumentes aufzugreifen: Was wird Herr Hitler mit seinem Sieg anfangen können? Kann er eine solche Machtfülle überhaupt verdauen? Ganz persönlich wird er die Welt mit so leeren Händen verlassen wie sein gar nicht allzu ferner Vorfahr Alexander der Große. Er wird den Deutschen nicht das Vergnügen an einem mächtigen Weltreich hinterlassen, sondern die Last, dieses Weltreich, das unter seinem eigenen Gewicht zusammenzubrechen droht, aufrechtzuerhalten. Sie werden nicht in der Lage sein, all die eroberten Nationen in einem Zustand ständiger Unterwürfigkeit zu halten."[103] Gandhi kann mit seiner waghalsigen Prognose den Pazifisten in mir überzeugen, aber nicht meinen Selbsterhaltungstrieb.

Danziger Mahnmal: Überfall auf die Postzentrale 1939 (Foto vom Jahrestag 2015)

Der Friedensforscher Theodor Ebert übersetzte diesen Aufsatz Gandhis in Deutsche und kommentierte in einer Rede über den Widerstand Bonhoeffers gegen Hitler: „ Man muss bedenken, dass Hitler zur Legitimation seines Angriffs auf Polen den angeblichen Überfall auf den Sender Gleiwitz und zwei weitere Zwischenfälle von deutschen SS-Leuten in polnischen Uniformen inszenieren ließ, um dann behaupten zu können, seit dem Morgen des 1. September 1939 würde nun ‚zurückgeschossen'.

Das haben viele Deutsche geglaubt, weil sie über keine anderen Informationsmöglichkeiten als über die von Goebbels gesteuerte Medien verfügten. Aber nun nochmals die prophetische Frage Bonhoeffers in Fanö

---

[103] Gandhi, "How to combat Hitlerism" in „Harijan", 6.4.40

1934: ‚Wer von uns darf denn sagen, dass er wüsste, was es für die Welt bedeuten könnte, wenn ein Volk - statt mit der Waffe in der Hand - betend und wehrlos und darum gerade bewaffnet mit der allein guten Wehr und Waffe den Angreifer empfänge?' Wir wissen seit 1981, wie das aussieht: betende polnische Arbeiter auf der Lenin-Werft in Danzig."[104] Der Hinweis auf den polnischen Widerstand gegen den UdSSR-geschützten polnischen Kommunismus hat ein gutes Gewicht. Ebert brachte allerdings nicht zugleich den Hinweis die DDR 17.6.1953, auf Ungarn (23. Okt. 1956 – 10. Nov. 1956) und die Tschechoslowakei 21.8.1968. Die Panzer sorgten für Ordnung, mit und ohne Gegengewalt.

Für das „Dritte Reich" verwies Ebert auf den sog. „Rosenstraße-Protest". Immerhin 1943 (!), also bereits in der brutalsten Phase des Krieges und in Eichmanns Schreibtisch-Völkermord wurden „Juden", die in der Rüstungsindustrie noch „arbeiteten", verhaftet und nach Auschwitz verschleppt. Tausende von „deutschen" Frauen demonstrierten in der Rosenstraße gegen die Deportation ihrer Männer. Nach einer Woche ließen die Nazis die Verhafteten frei und brachten einige sogar aus Auschwitz zurück.

Allerdings, und das fügt Ebert hier nicht an, kennen wir sehr viele gescheiterte Versuche. Im Übrigen warf er Bonhoeffer vor, nicht kreativ weitergedacht zu haben in Richtung gewaltfreiem Widerstand. Das tat dieser aber und regte zum Beispiel einen „Beerdigungsstreik" an. Das wäre heute marginal, damals aber im Deutschen Reich nicht. Bonhoeffer scheiterte allerdings nicht an den Nazis, sondern bereits im Vorfeld an den stupiden kirchenleitenden Personen.[105]

7.3 Der Appell an das Gewissen

Hirnforscher lokalisierten das „Gewissen" im vorderen Stirnlappen. Wird dieser verletzt, funktioniert das Gewissen nicht mehr. Der Mensch ist dann zwar kognitiv, aber nicht mehr emotional auf „gut und böse" ansprechbar. Gandhi wie King waren auf ein Gegenüber angewiesen, das in irgendeiner Form noch menschlich und mit Gewissen reagieren konnte.

Die afrikanische Studenten argumentierten, die Methoden Gandhis würden nur funktionieren, wenn es ein mögliches ansprechbares Potential im Gewissen des Gegners gäbe. Dabei trafen die jungen Leute einen

---

[104] Theodor Ebert, Bonhoeffer und Gandhi - Oder: Hätte sich der Hitlerismus gewaltfrei überwinden lassen? 2004
[105] Natürlich bezweifelten die superklugen Hierarchieros die Erfolgsaussichten. 1941 erwies sich diese Maßnahme hingegen in Norwegen als erfolgreich. Soviel zum Thema „Realitätssinn"

wunden Punkt, woraufhin King und die Gandhians ihnen unterstellten, Gewaltlosigkeit und Verzicht auf Widerstand miteinander gleichzusetzen.

Diese Unterstellung nützte ihnen nichts, denn noch im selben Absatz erwartete King, der gewaltfreie Widerstand „may develop a sense of shame in the opponent".[106] Zu Schamgefühl gehört ein Gewissen. Zahlreiche soziologische Forschungen belegen die Prägung des Gewissens durch die jeweilige Kultur und Religion. Es verfügt über keine eigenständige Entität. Wenn man die Menschheit auf dem Hintergrund ihrer Entstehung betrachtet, wird der Apell ans Gewissen nicht bei jedem Individuum gelingen, aber für die diversen Kollektive macht Schweitzers Formel von der „Ehrfurcht vor dem Leben" Sinn. Zumindest finden sich Wurzeln davon in den bekannten Naturreligionen. Und die Hochreligionen haben sich letztlich aus solchen archaischen Religionen entwickelt.

Dylan singt in „Blowin' in the Wind": „How many times can a man turn his head and pretend, that he just doesn't see?" Er beschreibt damit ein verbreitetes Verhalten angesichts von Unrecht: Wegschauen. Seine Zielgruppe sind die Weißen – im Unterschied zu King gehört er allerdings selbst zu dieser Gruppe und mit ihm auch die Mehrheit seiner Fans. In seinem jüdischen Elternhaus könnte man auch an die Deutschen denken, die bei der Gewalt gegen ihre jüdischstämmigen Nachbarn und der Deportation meist wegsahen. Die Antwort auf seine Frage ist „blowin' in the wind". Er realisiert, dass wir hier keine realistische Größenordnung angeben können. Mit seinem Lied wollte er anstoßen, nicht wegzuschauen.

In „My back pages" formulierte er unschlagbar: „Good and bad, I define these terms quite clear, no doubt…" und ergänzt „somehow". Damit bringt er den Widerspruch von Gefühl und Vermittelbarkeit zum Ausdruck: Auch wenn ich emotional Gut und Böse unterscheiden kann: sobald ich es erklären muss, fange ich an, zu schwimmen.

Darf man bei einer gewaltfreien Aktion ein ansprechbares Gewissen nur hypothetisch voraussetzen. Aufgrund dieser Hypothese könnten viele Menschen sinnlos sterben, sich niedermetzeln lassen.

„Die Inder" zwangen unter Gandhis Führung die Engländer, die Herrschaft aufzugeben, verfügten aber, selbst an der Macht, nicht über genug Gewissen, Moslems und Hindus (und Christen) friedlich koexistieren zu lassen. Sie teilten das Gebiet in ein muslimisches und ein hinduistisches. So haben Christen unter beiden Mehrheiten zu leiden. Die unabhängigen Hindus schafften es nicht, die Kaste der Unberührbaren und ihre ganze

---

[106] Autobiography S.130

ungerechte Struktur aufzugeben. Gandhi konnte dies nicht akzeptieren[107], aber er fand nicht wirklich Mehrheiten wie im Widerstand gegen die britischen Besatzer.

7.4 Die Sieger müssen sich selbst besiegen...

Seine gläubige hinduistische Frau ertrug es kaum, dass Gandhi wie eine alttestamentliche Zeichenhandlung ein „unberührbares" Mädchen adoptierte.[108]

Zeichenhandlungen praktizierten Propheten in Israel bereits vor 3000 Jahren und verfügten damit über eine Methode des gewaltfreien Widerstandes. Jesaja ging drei Jahre nackt durch Jerusalem (Jes.20), zeugte Söhne und gab ihnen politische Namen (Raubebald-Eilebeute! Jes.8), Hosea demonstrierte durch die Heirat mit einer Hure den Abfall des Volkes vom rechten Glauben und gab den gemeinsamen Kindern symbolische Namen (Hos.1). Jeremia prangerte mit einem Rinderjoch auf dem Nacken die Unterdrückung an. (Jer.27)

Hesekiel schlug auf Weisung Jahwes vor aller Augen ein Loch in die Hauswand, packte seine Sachen zusammen und kroch durch dieses Loch hinaus wie in die Verbannung. (Hes.12) Hier wird explizit auf die Wirkung der Handlung geschaut. „Und frühmorgens geschah des HERRN Wort zu mir: Du Menschenkind, hat das Haus Israel, das Haus des Widerspruchs, nicht zu dir gesagt: Was machst du da?..." Der Prophet wurde in die Diskussion geführt. Die Zeichenhandlung könnte für sich sprechen, aber in der Diskussion werden Gründe und Folgen artikuliert. Schon beim „Salzmarsch"[109] nahm Gandhi als Zeichenhandlung Salz in die Hand, um zu demonstrieren, wohin es gehen sollte: „Ich als Inder darf mir unser Salz nehmen".

Seine Zeichenhandlung der Adoption einer „Unberührbaren" verband Gandhi mit einer weiteren: Er fastete. Dieses Fasten konnte man als Hungerstreik bezeichnen. Er wollte erst damit aufhören, wenn er... entweder starb oder die Führer der obersten Kaste, der Brahmanen sich mit den Führern der kastenlosen, der „Outcasts" verständigen würden mit dem Ziel, dass die „Unberührbaren" integriert würden und die hinduistischen Tempel betreten dürften. Alternativ zum bestehenden Kastensystem strebte Gandhi eine Reform ohne soziale Diskriminierung an. Das Kastenprinzip hielt er als Struktur für tragfähig.

---

[107] Gandhi laut King: „Now you have selected me and you've asked me to free you... and here you are, trampling over and exploiting seventy millions of your brothers." (Autobiography S.130)

[108] Autobiography S.131

[109] Am 5.4.1930 kam der 61-Jährige nach 300km mit seinen Leuten ans Meer.

Die Aufgabe beim Kampf für die „Unberührbaren" lautete: Der Sieg geht weiter: Die Sieger müssen sich selbst besiegen...

Diese Fasten-Aktion kostete Gandhi fast das Leben. Erst im letzten Augenblick trafen sich jene Führer bei ihm. Auch Vertreter der Hindu-Tempel stießen dazu. An nächsten Tag durften Millionen von „Unberührbaren" nach zweitausend Jahren zum ersten Mal die Tempel betreten, wo alle zusammen sangen.[110]

Auch die reale indische Politik setzte auf Zeichen, auf Symbole, die sich nicht auf Äußerliches beschränkten: Wenn bei einem Studienplatz ein Vertreter der obersten Kaste mit einem Unberührbaren konkurrierte, sollte der Unberührbare genommen werden. Professor Reddick fragte, ob dies nicht doch eine Diskriminierung sei. Der Premierminister stimmte ihm zu, ergänzte aber: „Nach zweitausend Jahren der Ungerechtigkeit ist dies unser Weg des Ausgleichs."[111]

Freilich bewirkte der Einzug der Unberührbaren in die Tempel nicht Frieden für alle. Mahatma Gandhi wurde am 30.1.48 von einem fanatischen Hindu ermordet.

Mah-atma bedeutet: der große Geist. Darin steckt das indogermanische Wort „Atmen" oder „Atem". Atem ist nicht nur fundamental, sondern der Inbegriff des Lebens. Nicht zuletzt deswegen firmiert Ruah, das hebräische Wort für Kehle, auch für Leben, für Atem und damit letztlich für Jahwes geistige Anwesenheit.

Für King war es die Härte, dass der Vertreter der Gewaltlosigkeit durch Gewalt starb, aber es gehörte für ihn zur Realität. Er verglich er Gandhi mit Lincoln, da beide im Augenblick ihres Todes nicht einfach starben, sondern zu Gestalten der Geschichte wurden. Gandhi „belongs to the ages."[112]

King zog die Linie noch weiter aus: Gandhi starb an einem Freitag, an dem Todestag Jesu. Doch, so verkündete King, mit dem Karfreitag war nicht alles zu Ende. Ostern kam.... „Thank God good Friday is never the end."[113].

King, bei einer Begegnung sympathisierend als „Untouchable" begrüßt, spürte die Verbundenheit als „Underdog", schien aber nicht zu realisieren, dass es in Indien einen tiefsitzenden Rassismus gab. Dieser äußerte sich in angeblich religiösen Bereichen zwischen Moslems, Hindus

---

[110] Autobiography S.132. King schreibt auch „praising", aber das kann ich mir bei Hindus nicht in einer Art vorstellen, die zu Gospel-Services passt.
[111] ebd.
[112] Autobiography S.132
[113] ebd

und Christen, aber auch innerhalb des Hinduismus beim Thema der „Unberührbaren".

Ich reagiere kritisch, wenn Konflikte „religiös" begründet werden. Es prallen menschliche Interessen aufeinander, es geht um Macht, um Einfluss, um Geld. Ob Gott oder Götter: Bei militärischen Konflikten sind Götter noch machtloser als sonst. Erinnern wir uns an das Dilemma des christlichen Gottes beim Falklandkonflikt zwischen England und Argentinien. Beide Seiten rechneten mit Gottes Eingreifen zu ihren Gunsten, die Engländer konstatierten am Schluss, Gott sei mit ihnen gewesen und demonstrierten dies bei einer Militärparade. Dass man bei dieser Parade Kriegsversehrte ausschloss, spricht eine deutlichere Sprache als die Waffen der Briten.

Auch im Indien zehn Jahre nach Gandhis Ermordung gab es fundamentale Konflikte, die nicht immer gewaltfrei ausgetragen wurden. King blendete bei der Rückschau auf seinen Besuch offenbar ein breites Problemspektrum aus. Das machte Gandhi allerdings nicht besser, als er aus der Ferne den Juden im NS-Deutschland während der härtesten Verfolgungszeit den gewaltfreien Widerstand empfahl. Diese hatten das durchaus versucht, aber gegen die gewissenlosen Nazis hatten sie mit dem Apell ans Gewissen keinen Erfolg.

Eine Folge von Kings Indienreise bestand in einer Erweiterung seiner sozialen kritischen Sicht. Als ihn ein Schuldirektor in Indien bei einer Begrüßung als einen „untouchable"[114] bezeichnete, merkte er es sich und übertrug es in die US-Verhältnisse mit Slums und rassengetrennten Schulen. Zurück in den USA verkündete er: Die sozialpolitischen Verhältnisse müssen geändert werden. Es reicht nicht, dass du beim Busfahren nicht mehr diskriminiert wirst und mit weißen Kindern in die gleiche Schule gehen darfst. Man muss den Zugang zu den wirtschaftlichen Perspektiven von der Herkunft lösen[115], allen gesellschaftliche Teilhabe möglich sein.

King konnotierte in Indien die unglaubliche Armut, mit der er konfrontiert wurde. Vor mein inneres Auge steigen aus meiner Kindheit Bilder von hungernden indischen Kindern, die um die Weihnachtszeit publiziert wurden, als Sinnbild für die Armut der damals sogenannten Dritten Welt. King veranlasste diese Armut, zuhause in den USA stärker auf

---

[114] Autobiography S.131.
[115] Zum Thema „Teilhabe" engagiert W.Huber, H.E.Tödt „Menschenrechte" 1977. Bezeichnenderweise taucht im Personenverzeichnis King nicht auf. Sie ordneten den Nobelpreisträger offensichtlich nicht als Sozialethiker ein.

die soziale Ungleichheit zu achten und sie neben die Rassendiskriminierung zu stellen. Er entwickelte sich vom Bürgerrechtler der Gerechtigkeit für Schwarze zum Streiter für Gerechtigkeit für alle Menschen. Seine Kanzel wurde die Straße. Dabei erdete ihn die Arbeit in seiner eigenen Gemeinde, wo er auf die Kanzel stieg und Abendmahl feierte. Aber er war sensibilisiert gegen Ungerechtigkeit. Sein Gewissen funktionierte in diese Richtung hervorragend und darauf bestand er auch angesichts der Gefahr für Leib und Leben. Als es um die Bürgerrechte in Selma, Alabama ging, sah er sich durch sein Gewissen gezwungen, die Konfrontation mit der Ungerechtigkeit auf Highway 80 zu suchen: „I say to you this afternoon that I would rather die on the highways of Alabama than make a butchery of my conscience."[116] Das war kein Hollywoodpathos. Es ging in der Auseinandersetzung mit der US-Polizei, dem Ku-Klux-Klan und den Rassisten um Leben und Tod.

7.5 Gewaltlosigkeit und der Nobelpreis

King war wegen eines Erschöpfungszustandes im Krankenhaus, als seine Frau den Anruf aus Oslo erhielt, Martin Luther hätte den Nobelpreis für Frieden erhalten. Er selbst rechnete den Nobelpreis nicht seiner Person zu, sondern sah sich als Stellvertreter all jener Leute, die in Montgomery gestreikt hatten, die ihre Sit-Ins in den Cafés gemacht hatten. Er rekurrierte aber auch auf Nelson Mandela[117] und Robert Sobukwé, um deutlich zu machen, dass diese Bewegung nicht auf die USA beschränkt war.

Seine Rede vor dem Nobelpreiskomitee am 11. Dezember 1964 legte er groß an. Die Welt würde auf ihn schauen und die Perspektive der Welt wollte er ansprechen. Anders als der klassische Ami, Präsidenten eingeschlossen, dachte er nicht US-provinziell, sondern hatte einen Blick für die globale Lage. Als Grundübel thematisierte er Rassentrennung, Armut und Krieg.

Er kontrastierte die technischen Errungenschaften mit dem beklagenswerten Zustand der nationalen oder weltweiten Gesellschaft. „We have learned to fly the air like birds and swim the sea like fish, but we have not learned the simple art of living together as brothers." Wieder wählte er die poetische Sprache, um die tiefere Schicht des Hörens anzusprechen. Dann streute er biblische Beispiele ein: "Oppressed people cannot remain oppressed forever. The yearning for freedom eventually manifests itself. The Bible tells the thrilling story of how Moses stood in Pharaoh's

---

[116] Autobiograhy S.281
[117] dessen Witwe Winnie starb zwei Tage vor Kings 50. Todestag.

court centuries ago and cried, 'Let my people go.' This is a kind of opening chapter in a continuing story." In der Tat ist die Exodusgeschichte der Klassiker unter den Befreiungsgeschichten. Schon im babylonischen Exil griffen die Propheten das Motiv des Auszugs auf und verhießen den „Neuen Exodus" (Deuterojesaja). Allerdings verwendete Jahwe gegen den Pharao brutale Gewaltmittel.

King verfolgte die Geschichte der Schwarzen bis zum schwarzen Kontinent. Er zeichnete die Linien der Historie und verband Punkte miteinander. Dabei griff er ein deutsches Fachwort auf:

"Something within has reminded the Negro of his birthright of freedom, and something without has reminded him that it can be gained. Consciously or unconsciously, he has been caught up by the *Zeitgeist*, and with his black brothers of Africa and his brown and yellow brothers in Asia, South America, and the Caribbean, the United States Negro is moving with a sense of great urgency toward the promised land of racial justice." Die Schwarzen der USA sind die Avantgarde auf dem Globus.

King schöpfte seine poetische Rhetorik auch in Oslo voll aus. Er skizzierte eine Anthropologie der Hoffnung:

"But with patient and firm determination we will press on until every valley of despair is exalted to new peaks of hope, until every mountain of pride and irrationality is made low by the leveling process of humility and compassion; until the rough places of injustice are transformed into a smooth plane of equality of opportunity; and until the crooked places of prejudice are transformed by the straightening process of bright-eyed wisdom."

Die Täler, die Gipfel, die Täler der Ungerechtigkeit sollen eingeebnet werden. Diese Vision lässt die Zukunft wie das gelobte Land erscheinen. Denn schon bei Jesaja[118] ebnen die Engel Gottes die Prachtstraße aus der Deportation ins gelobte Land ein. Auf diese Bilderwelt griff er auch in seiner letzten Rede 1968 zurück.

Seine begrenzte[119] Zeit wollte er voll nutzen, denn der Prozess lief noch. Der Nobelpreis war keine rückblickende Auszeichnung. King musste Zustimmung weltweit finden. Prägnant spielte er Gewaltlosigkeit gegen Gewalt aus und ließ das Ergebnis der Gewalt trotz ihrer vordergründigen Erfolge schlecht aussehen. „Violence is impractical because it is a descending spiral ending in destruction for all." Mit dem Hinweis auf die Gewaltspirale, die Eigendynamik der Eskalation deutete er auf die

---

[118] Jes.40,3f.
[119] nach dem überlebten Attentat könnte er sagen: „geschenkte Zeit".

strategischen Überlegungen des sog. „Kalten Krieges". Aber vorerst beschränkte er sich auf eine weniger umstrittene Problematik, indem er dem Thema „Rassentrennung" das der „Armut" folgen ließ, sowohl in den USA mit Schwerpunkt auf den Schwarzen wie auch auf dem ganzen Globus.

Den USA sagte er: „We have become the richest nation in the world. Our national gross product this year will reach the astounding figure of almost 650 billion dollars. Yet, at least one-fifth of our fellow citizens - some ten million families, comprising about forty million individuals - are bound to a miserable culture of poverty."

In den Zeiten des Propagandakrieges zwischen Ost und West entlarvten die "Kommunisten" die USA mit ihrer Unterdrückung der "Neger" in einer angeblich freien Gesellschaft. Zugleich prangerten sie die krasse Armut an. Dieses Argument verfing nur im Westen, denn im Osten herrschte bittere Armut. Propaganda macht nicht satt.

King betrachtete Rassismus und Armut wie eine Krankheit. Da gilt es, zu heilen. Bei dieser Heilung ist nicht das Weg-Kurieren der Symptome angesagt, sondern das Entfernen der Ursachen: „Just as nonviolence exposed the ugliness of racial injustice, so must the infection and sickness of poverty be exposed and healed - not only its symptoms but its basic causes."

Nach Rassismus und Armut benannte er den Krieg als das dritte weltweite Grundübel, speziell den Atomkrieg. Die Invasion in der Schweinebucht als Fast-Auslöser eines Atomkriegs[120] war noch in frischer Erinnerung. „We will not build a peaceful world by following a negative path. It is not enough to say 'We must not wage war.' It is necessary to love peace and sacrifice for it. We must concentrate not merely on the negative expulsion of war, but on the positive affirmation of peace."

Die Abschaffung des Krieges wäre noch kein Frieden. Zum Frieden gehörte auch die Abschaffung der Rassendiskriminierung und der Armut. Die Lösung lag für King in einer unsentimentalen Liebe, die weltweit gültig ist:

"Love is somehow the key that unlocks the door which leads to ultimate reality. This Hindu-Moslem-Christian-Jewish-Buddhist belief about ultimate reality is beautifully summed up in the First Epistle of Saint John. Let us love one another: for love is of God; and everyone, that loveth is born of God, and knoweth God. He that loveth not knoweth not God; for God is love. If we love one another, God dwelleth in us, and His love is perfected in us."

---

[120] April 1961

Heute würde man es King nicht durchgehen lassen, dass er die Weltreligionen für eine christliche Lehre vereinnahmte. Aber er war noch unbefangen. In der Tat ist der Johannesbrief an christliche Gemeinden gerichtet. Aber er wurde nicht geschrieben, weil es unter den Christen so christlich zuging. Im Gegenteil: Die Ermahnungen setzten voraus, dass sich Lieblosigkeit im Umgang miteinander eingeschlichen hatte. Johannes band die Liebe Gottes an die Liebe seiner Jünger untereinander. Das ist zwiespältig, aber das Anliegen durchaus christlich: Es macht keinen Sinn, von Gottes Liebe zu sprechen, wenn sie dir nicht abzuspüren ist. Ein späterer Theologe hätte auch formulieren können: „Du musst lieben, als ob es Gott nicht gäbe." (etsi Deus non daretur)

Urplötzlich brachte King sein religiöses Grundmotiv ein, das selbstverständlich sein könnte, aber ausgesprochen werden muss, damit man die Linien ausziehen kann. Es geht um die in Genesis 1 behauptete Gottebenbildlichkeit des Menschen[121]: "Deeply etched in the fiber of our religious tradition is the conviction that men are made in the image of God and that they are souls of infinite metaphysical value, the heirs of a legacy of dignity and worth. If we feel this as a profound moral fact, we cannot be content to see men hungry, to see men victimized with starvation and ill health when we have the means to help them." Tatsächlich bezog er sich nur auf die jüdisch-christliche Tradition, auf die wir nicht die ganze Menschheit behaften können. Die ganze Christenheit darauf zu behaften, wäre auch nicht schlecht. Damit hätten wir immerhin ein Drittel der Menschheit erreicht.

Er schloss hoffnungsvoll: "Every crisis has both its dangers and its opportunities. It can spell either salvation or doom. In a dark confused world the kingdom of God may yet reign in the hearts of men."

7.6 Anthropologie: Teufel und Sünde

Im Kontrast zu vielen, die sich energisch, aber schwärmerisch für "gute Wege" einsetzen, reflektierte King seine Anthropologie. Er ging aufgrund seines positiven Zieles und seiner positiven Ethik nicht zugleich von einem positiven Menschenbild aus. Gute Methoden und gute Ziele sind nicht zwangsläufig an gute Menschen, genauer: an eine gute Menschheit gekoppelt.[122] Man muss das Böse einkalkulieren. In seiner sprachlichen Tradition leistete King sich die Rede vom „Devil".

---

[121] Die Grundzüge der politischen Anthropologie von Jürgen Moltmann, dem Autor der „Theologie der Hoffnung" gehen an der Gottebenbildlichkeit entlang. So kommentiert und begründet er auch die Menschenrechte.

[122] Das zeigten Lenin, Stalin, Mao, Castro, Che Guevara und alle, die für die Gleichheit der Menschen an die Spitze gelangt die eigenen Machtgelüste realisierten.

Der Reverend setzte sich von der positiven liberalen Anthropologie ab. Konfrontiert mit der „liberal doctrine of man" kam er zu einem grundsätzlichen Sinneswandel („basic change in my thinking"). Zunächst hatte auch er geglaubt, wenn man an den Verstand appellierte, würde sich das Gute durchsetzen. Er glaubte an das „Gute im Menschen", bis er erkannte: Diese optimistische Menschensicht übersieht, dass der Verstand durch die Sünde getrübt wird („reason is darkened by sin").[123]

Das Stichwort „Sünde" taucht bei ihm auf. An diesem Punkt wird es bei Christen immer kritisch. Denn die Frage erscheint: Wie wird Sünde im Gedankengebäude funktionalisiert? Oft genug scheinen die, die von Sünde reden, sich auf der Seite Gottes positionieren und zugleich das Richteramt übernehmen. Bei den US-Fundamentalisten lässt sich das bis heute beobachten. Das auffallendste Phänomen ist, dass gegen sexuelle Verfehlungen gepredigt wird und nach einiger Zeit herauskommt, dass der Prediger selbst „Unzucht" begeht – wenn man seine eigenen Kriterien an ihn anlegt. Dass Martin Luther King wohl selbst es mit der ehelichen Treue nicht so ganz ernst nahm ist hinsichtlich seiner Programmatik so irrelevant wie die eheliche Treue von Karl Marx. Wichtig hingegen ist, was er zum Thema „Sünde" im Kontext des Menschenbildes sagt. Er bringt - für Mitteleuropäer ungewohnt - eine Fülle von diskutierbaren Begriffen wie „Sins, devil, deserve death, hell, damnation..." Das Weltbild, mit dem er operiert, scheint antiquiert. Er kann sich damit aber mit seinen Zeitgenossen weiß wie schwarz in den USA verständigen. Und weil ihnen diese Plattform vertraut ist, verstehen sie auch die Lösung.

King ging zu denen, die spürten, dass sie sündig geworden waren. Seine Hörer verbanden damit, dass sie Tod und Hölle verdient haben. Diese Weltsicht spielt bei Nicht-Christen keine Rolle. Mitunter scheint es überdeutlich, dass es auch bei unchristlichen Christen, wie weißen Rassisten keine Rolle spielt. Wer nicht spürt, dass er sich gegen Brüder und Schwestern versündigt, kann noch kein Christ sein. Aber bei Menschen die es spürten, kam King auf die Vergebung zu sprechen. In seiner radikalen Diktion ging er davon aus, dass Menschen durch die Sünde den Tod verdient haben. Aber genau denen, die das so sehen, konnte er sagen, dass Jesus diesen Tod auf sich genommen hat. Er redete von der Vergebung und sprach sie zu, formulierte sie aber krass als Vergebung aufgrund eines Todesurteils.

"When the devil throws our sins up to us and declares we deserve death and hell, we ought to speak thus: "I admit that I deserve death and

---

[123] Autobiography S.25

hell. What of it? Does this mean that I shall be sentenced to eternal damnation? By no means. For I know One who suffered and made a satisfaction in my behalf. His name is Jesus Christ, the Son of God. Where he is, there I shall be also."[124]

Aber wollten sich weiße rassistische Christen in die Bedürftigkeit einer solchen Vergebungssituation überhaupt begeben? Mich erinnert die Lage der gnadenlosen weißen „Christen" an einen Witz: „Ein weißer Mann kommt in eine ‚weiße' Kirche und sieht dort ein schwarzes Mütterchen knien. Er faucht sie an: ‚Was hast du hier zu suchen?! Siehst du nicht, dass dies eine weiße Kirche ist?' Darauf das Mütterchen eingeschüchtert: „Sir, ich putze hier!" Darauf der Weiße: „Aber dass du nicht auf den Gedanken kommst, hier zu beten!" Dieser Witz entlarvt christliche Segregation als Aktion des Antichristen.

Die Weißen sind eben an der Macht, Macht korrumpiert und lässt aus Christen Anti-Christen werden, denn jedem, der Jesus kennt ist klar, dass Jesus völlig andere Kriterien angelegt als die Hautfarbe – ganz abgesehen davon, dass er in vielen „christlichen" Kulturbereichen als Jude ohnedies keine Chance hätte; es sei denn, er würde der Schwiegersohn eines germanischen Häuptlings der USA.

King kannte viele Gefahren. In seinem speziellen Kampf gegen die soziale Ungerechtigkeit formulierte er in seiner Nobelpreisrede, dass große materielle Kraft große Gefahr bedeutet, wenn es nicht gleichzeitig ein entsprechendes Wachstum für die Seele gibt.[125] Heute ließe sich im Hinblick auf die Entwicklung im vereinten Deutschland sagen, dass der Zuwachs an Freiheit große Gefahr bedeutet, wenn nicht gleichzeitig mit der Freiheit die Seele wächst, erwachsener wird, angemessener und weiter wird.

Die Menschen sind nicht einfach gut. Das gilt nicht nur für die äußerlich eindeutig bösen Unterdrücker, es gilt auch für aufbegehrenden Unterdrückten. Werden sie überhaupt in der Lage sein, gewaltfreien Widerstand zu leisten, wenn Gewalt die erste Reaktion ist, die auf Gewalt erfolgt? Freilich wird man bei Gewalttätigen nicht voraussetzen dürfen, dass sie auf Gewaltfreiheit sofort mit Gewaltfreiheit reagieren. Gandhi und die Engländer führen uns diese Bild sofort vor Augen. Darf man

---

[124] King: Letters of Spiritual Counsel, ed. Theodore G. Tappert, 1960

[125] Aus der Nobelpreisrede: "Enlarged material powers spell enlarged peril if there is not proportionate growth of the soul."

überhaupt, wie Gandhi es tat, gewaltfreie Menschen der Gewalt der Mächtigen aussetzen?

Freilich gibt es bei King – und teilweise auch bei Gandhi neben dem Appell an das Gewissen noch ein Druckmittel: Geld. Wenn der gewaltlose Widerstand zu relevanten finanziellen Einbußen bei den Mächtigen führte, setzt dies ein Umdenken in Gang, wenn der Widerstand nicht durch Gewalt gestoppt werden kann. Schon Kings erste große Aktion, der Busstreik, hatte diese ökonomische Komponente. Geldbeutel statt Gewissen könnte man sagen.

8 Gewaltfreier Widerstand – verantwortbar?

Ist gewaltfreier Widerstand ethisch verantwortbar angesichts der Gewalt der Gegenseite? Ist er hinsichtlich seiner Ziele realistisch? Oder werden hier Menschen für unerfüllbare Ideale geopfert?

In unserem Jahrzehnt scheint das Böse unter den Mächtigen wieder zuzunehmen. Es war immer da, aber seit einiger Zeit wird es in verschiedenen Regionen mitgetragen durch Machtlose, die ihre Bedürfnisse in die Mächtigen projizieren, die wiederum diese Projektionen willig aufgreifen.[126] Wie weit die Menschen an den Schalthebeln über ihren persönlichen Weg zur Macht hinaus denken ist schwer einzuschätzen. In der Bundesrepublik lässt sich kaum unterscheiden, ob Politiker, die bereits über Macht verfügen, sich für gute Wege übergeordneter Ziele wegen einsetzen. Dazu gehört etwa der Frieden im Sinne der Abwesenheit von Krieg, das Ernstnehmen der ökologischen Schieflage als eines objektiven Problems oder Bekämpfung der ökonomischen Ungerechtigkeit aus ethischen Gründen oder um sozial bedingte Unruhen zu vermeiden. Manchmal mögen äußerlich Politiker ethisch anerkennenswert agieren und auch argumentieren, suchen aber lediglich die meiste Zustimmung.

Jenseits von Deutschland sehen wir Staaten, in denen die Machthaber böse Strategien und böse Politik verfolgen und dabei von der Mehrheit der Bevölkerung unterstützt werden. Das Problem des Rassismus, das bereits an Bedeutung verloren hatte, nimmt rapide zu. Das gilt auch für die schlimmen Ausschreitungen in der BRD. Aber in unserem Land äußert sich zugleich ein nachhaltiger und tiefsitzender Widerstand gegen eine faschistische Minderheit als bleibendes Grundübel der Menschheit. Problematischer wirken faschistische Tendenzen anderer Länder. In der BRD wird der ausländische Faschismus aktuell und problematisch, wenn ihn Menschen mit Migrationshintergrund hierzulande propagieren, während er zugleich in den Herkunftsländern massiv praktiziert wird. Man könnte an die Türkei und beispielsweise die Kurden denken[127].

Angesichts unserer Geschichte problematisch ist der heftige Antisemitismus der Migranten aus dem Nahen Osten, aus der islamischen Welt. Dass die israelischen, demokratisch gewählten Regierungen eine faschistische Politik betreiben, etwa durch die imperialistische Siedlungspolitik, verkompliziert den Diskurs, rechtfertigt aber keineswegs dumpfen Antisemitismus. Gott sei Dank – oder besser gesagt: den Vätern unseres

---

[126] Das Phänomen beobachten wir auch in Russland wie der Türkei und den USA.

[127] Zur Beteiligung der Kurden am Völkermord an den Armeniern um 1916 siehe meine Dokumentation „Als Rekrut im ersten Weltkrieg". Opfer können zu Tätern werden und Täter zu Opfern.

Grundgesetzes sei Dank - wird die Leugnung des Holocausts bei uns strafrechtlich verfolgt.

Daran könnten sich andere Länder, die uns gerne unsere Nazi-Vergangenheit als Nazi-Gegenwart anhängen, ein Beispiel nehmen. Freilich lieben es Regierungschefs, die auf Praktiken von Adolf Hitler zurück greifen[128], uns mit diesem zu identifizieren. Schon in meiner Jugend hatte „Mein Kampf" eine hohe Akzeptanz im Nahen Osten.[129]

Im Kampf gegen den Faschismus, zu dem auch der totalitäre Kommunismus zählt, stellt sich die Frage: Kann man dieses Böse durch gewaltfreien Widerstand überwinden oder muss man es mit Waffengewalt bezwingen? Mein Bauch sagt mir: Man muss gegen das Böse auch zu Waffen greifen! Gegen Hitler hätte der gewaltfreie Widerstand ebenso wenig zum Erfolg geführt wie gegen die Mächtigen der heutigen Tage. Zum Glück schreibe ich ein Buch über Martin Luther King. Dieser war mir argumentativ, moralisch, von seiner Integrität her und von seiner Persönlichkeit her unerreichbar überlegen. Daher komme ich auch über 50 Jahre nach seiner Ermordung noch und wieder auf ihn zurück.

8.1 Kings Instrumentarium der Gewaltlosigkeit

Kings Instrumentarium im gewaltfreien Widerstand bestand vor allem aus Demonstrationen, Streiks, ökonomischem Druck, Sit-Ins, Jail-Ins und Kneel-Ins.[130]

Rassisten übergießen Sit-In-Teilnehmer

Bei den Sit-Ins gingen gemischt-farbige Menschen in Läden oder Restaurants mit Rassentrennung und setzten sich dort gemeinsam hin. Sie

---

[128]Hitler erklärte übrigens angesichts der „Judenvernichtung", nach den Juden würde kein Hahn mehr krähen, das sähe man doch an der Türkei, wo niemand mehr an die Armenier (ebenfalls ein Genozid) erinnern würde. Die Türkei im modernen Sinn war ideologisch also für den Nationalsozialismus mitvorbereitend.

[129] auch bei der Regierung von Süd-Vietnam

[130] John Lennon und Yoko Ono erweiterten es ein Jahr nach Kings Ermordung um das Bed-In. Aber dazu gehörte schon sehr viel Publicity.

ließen sich auch nicht vertreiben. Hier gehörte zum Erfolgsrezept, dass die Rassentrennung bereits in der Gruppe aufgehoben war und dass die Aktionen von vielen durchgezogen wurden.

Die Jail-Ins kamen erst mit der Zeit dazu, als durch bewusste massenhafte Gesetzesverstöße zu viele Menschen in die Gefängnisse eingesperrt wurden und damit das Instrument „Einsperren" nicht mehr überzeugte.

In atheistisch verseuchten Deutschland sind Kneel-Ins kaum vorstellbar: Demonstranten zogen nach einem Auftaktgottesdienst durch die Straßen. Zwischendurch knieten sie nieder, um zu beten. Höhnische Kommentare erschallten aus den weißen Mündern, geistreich wie bei Jesu Kreuzigung. Freilich gab es nicht nur Spötter. Selbst in Birmingham nahmen weiße Christen ihren Glauben ernst und ließen sich durch Gebete in ihrer Einstellung irritieren[131].

Erinnern wir uns an den Witz, in dem eine Schwarze eine Kirche putzt, aber nicht beten darf. Dieser Witz war leider nicht wirklich ein Witz, sondern spiegelte die Realität wieder. Die angloamerikanischen Weißen teilten schon einmal den Himmel auf, für Weiße, Schwarze und Farbige. Aber Christen sind immer wieder auch in der Lage, auf Gottes Wort zu hören. So spürten viele, dass diese Trennung nicht stimmig war. Hier gab es einen echten Ansatzpunkt für King.

Mit welchen Methoden, welcher Qualitätssicherung ließen sich die Erfolge überprüfen? Die sog. Freedom Riders fuhren 1961 gemischtfarbig in den Überlandbussen durch Virginia, North Carolina und Georgia, um die Umsetzung der bundesstaatlichen Gesetze auszutesten. Der Widerstand, auf den sie immer wieder stießen, verdeutlichte die Brüchigkeit der gesellschaftlichen Veränderung.

Rassisten griffen die Busse bei Anniston, Alabama an. Sie zündeten einen Bus an. Die weißen Superchristen blockierten unter der unsichtbaren Führung des Teufels die Türen, damit die Insassen verbrannten. Dank einer Explosion kamen die Rider aus dem Bus. Dabei rannten sie den Faschisten in die Hände, die mit ihnen kurzen Prozess machen wollten und zur Lynchjustiz ansetzten, als ein aufmerksamer Autobahnpolizist einen Warnschuss abgab. Die „besseren", weil weißen Männer ergriffen das Hasenpanier. Ein Geistlicher besorgte Autos, um die Aktivisten in Sicherheit zu bringen.[132]

---

[131] Deutschland hat seinen Kniefall durch Willy Brandt in Warschau erhalten. Brandt war zu Recht kein Mitglieder der bigotten christlichen Kirche, die seiner (ledigen) Mutter seinerzeit untersagt hatte, ihr „Kind der Sünde" taufen zu lassen.

[132] Zum Nachdenken: Die Freedom-Riders setzten keine Gewalt ein, aber ein Polizist schützte sie durch Gewaltandrohung. An diesem Punkt ist noch Diskussionsbedarf.

In Birmingham leitete der bekanntermaßen korrupte Kommissar Bull Connors blutige Angriffe auf die Freedom Rider an. Ku-Klux-Klan-Anhänger schlugen besonders weiße Aktivisten brutal zusammen. John F. Kennedy kommentierte süffisant: "The civil rights movement should thank God for Bull Connor. He's helped it as much as Abraham Lincoln." Eine schlechte Presse ist bei den Bürgern nicht willkommen. Wer will schon zu einer Stadt gehören, bei der jeder denkt: Die hirnlosen Brutalos. Wer von uns möchte aus Hoyerswerda oder Rostock oder Sachsen kommen? Da muss sich schon mein Großhirn gegen mein Kleinhirn durchsetzen, um die Vorurteile niederzukämpfen. Brutale Minderheiten bestimmen das Bild. Die bayerische Xenophobie etwas scheint eine Mehrheit zu haben, auch wenn das Feindbild „Preuße" aufgrund des Migrationshintergrundes im Großraum von München abgenommen hat.

Die Freedom-Rider-Episoden verdeutlichten, dass der Weg noch sehr lange sein würde. Sie zeigten auch die Härte der Herzen und das Böse im Menschen. Der Appell an das Gewissen gelingt nicht immer, schon gar nicht bei jedem und offenbar versagt er sogar ganzen Gruppen gegenüber.

Die Analyse des Erfolgs von Gandhis Freiheitskampf ergab, dass Gandhis gewaltlose Aktionen die „Heimatfront" der Kolonialisten bewegte. Viele Engländer konnten auf ihrem christlichen Hintergrund das Gemetzel an wehrlosen Indern nicht mittragen und zweifelten zunehmend an der moralischen Qualität ihrer Regierung.

In Indien besuchte King die Stätte, an der Gandhis Salzmarsch begann. Er referierte, dass Mahatma mit acht Leuten startete und die Menge sich Stück für Stück auf Millionen erweiterte. Auch Gandhi beherrschte die Sprache der Symbolik, merkte King an: Er nahm etwas Salz in seine Händen, um zu dramaturgisch darzustellen, dass er jetzt ein Gesetz bräche, das Gesetz, dass die Inder in der Salzindustrie arbeiten, aber das Produkt nicht besitzen durften.[133]

Zu Kings Demonstrationen gehörten bald auch Spirituals und Protestsongs. In die „Hymne" der Bürgerrechtsbewegung „We shall overcome" stimmten auch weiße Sänger und Sängerinnen wie Pete Seeger, Joan Baez und Bob Dylan ein.

King musste bei seinen Strategien durch Erfahrung lernen, etwa seine Forderungen möglichst konkret zu formulieren, um die Erfüllung auch

---

[133] Autobiography S.128

als direkter Erfolg verbuchen zu können. Dabei realisierte er die Relevanz der medialen Aufmerksamkeit[134]. Auf der Gegenseite erkannten Polizeichefs, dass ihre Gewaltanwendung die Demonstranten letztlich unterstützte. Wenn die Gewalt ausblieb, minimierte dies Kings Erfolgsträchtigkeit. Das ließ Chief Pritchett M.L.King in Birmingham spüren, indem er nur dezent gegen Kneel-Ins, Sit-Ins und Marches vorging und seinen prominenten Gefangenen vorzeitig entlassen wollte.

Zur Legende wurde King spätestens durch den Marsch auf Washington am 28. August[135] 1963. Etwa 250.000 Menschen, darunter ein Fünftel Weiße beteiligten sich an diesem Marsch für „Arbeit und Freiheit". Präsident Kennedy verfolgte die weltweit übertragene Abschlusskundgebung auf TV[136] und lud die Hauptakteure zum Festessen ein.

Martin Luther King verkündete unter dem mächtigen Standbild Lincolns seine Vision: „I have a dream…"

Die Sicht des Visionärs schien unrealistisch wie auch realisierbar. Würden seine Kinder wirklich mit Kindern von Eltern anderer Hautfarbe spielen? Mahalia Jackson, Joan Baez, Bob Dylan, Peter, Paul and Mary, Harry Belafonte und andere aktuelle Künstler demonstrierten durch ihren Auftritt die Überwindung religiöser Grenzen und das Zerbrechen der Rassenschranken.

---

[134]Schon Schweitzer ließ sich von Journalisten mit netten Tierchen ablichten, weil die Leute solche Bilder schätzten und dann auch einfach formulierte Anliegen wie den Protest gegen atomare Bewaffnung von ihm wahrnahmen. V.Schoßwald, Albert Schweitzer, Antizipationen des Reiches Gottes.
[135]Goethes Geburtstag 1749
[136]Globale TV-Übertragungen ermöglichte der 1962 gestartete Satellit „Telstar".

Dylan und Baez sangen in „When the ship comes in..." von der Stille vor dem Sturm: Die Stunde, in der das Schiff kommt. Es klang wie die endzeitliche Formulierung der Profeten: „An jenem Tag..." Die weisen Männer erinnern euch: "That the whole wide world is watchin'". Wenn angesichts des drohenden Endes die Unterdrücker zu Einsicht kommen, ist es zu spät. Wir werden ihnen von der Reling zurufen: "your days are numbered!" "And like Pharoah's tribe they'll be drowned in the tide..." Hier klang die Apokalypse an. Im „A pawn in the game" konfrontierte Dylan die Konfliktparteien.

Kings Rede war gezielt am Schluss der Veranstaltung platziert, als Höhepunkt, weil er ein mitreißender Rhetoriker war, aber auch um die Möglichkeit zu eröffnen, das Zeitlimit zu sprengen. King hatte einen Teil der Ansprache schriftlich ausgearbeitet. Darin interpretierte er weltlich-politisch die Unabhängigkeitserklärung mit der Gleichheit aller Menschen als einen Scheck, der jetzt endlich einzulösen sei. Im weiteren Fortgang seiner Rede steigerte sich King in eine suggestive Predigt hinein. Hier tauchten seine Metaphern und Dream-Worte auf. Er erinnerte dabei an die bisherigen Symbolpunkte der Bewegung. Er verglich seine eigene Kindheit mit der seiner Kinder und träumte davon, dass bei ihnen nicht die Hautfarbe, sondern der Charakter das entscheidende Kriterium würde. King blieb nicht bei den sozialen Forderungen, sondern verkündete die Offenbarung der Herrlichkeit des Herrn am Ende des Weges. Hier lassen sich Prediger und Prophet King nicht unterscheiden, aber das ist wohl auch nicht wichtig, wenn die Botschaft ankommt.

Das Lincolnmemorial erinnert und lassen sich an Kings Predigt.

Am Ende seines prophetischen „I have a dream" klangen Kings Worte spirituell: „Let freedom ring from every hill and molehill of Mississippi, from every mountainside, let freedom ring!..." In seinem paulinischen

Traum fassten sich schwarze und weiße Menschen, Juden und Gentiles[137], Protestanten und Katholiken an der Hand und sangen: „Free at last. Thank God Almighty, we are free at last."[138] Die Demonstranten stimmten mit ein: „We shall overcome!"

Deutsche Austauschschüler besuchen das Lincolnmemorial

Nach diesem Höhepunkt ging der mühsame Kampf der Gewaltlosigkeit weiter.

Drei Jahre später erwies King seinem Namenspatron Martin Luther eine Referenz. Zunächst begeisterte er über 35.000 Menschen im Footballstadion von Chicago, dann initiierte er einen Marsch zum Rathaus. An dessen Tür befestigte er wie einst Luther in Wittenberg seine Thesen gegen die Geschäftemacherei mit den Armen der Megapole. Dabei forderte er Verbesserungen nicht nur im wirtschaftlichen Bereich, sondern auch bei den Wohn-, Bildungs- und Arbeitsbedingungen. Für die Medien war die Aktion eine wunderbare Veranschaulichung und eben die geschichtliche Verbindung zur Reformation, die im protestantischen Nordamerika einen guten Klang hat.

8.2 Made in Germany

King entwickelte für seine Kampagnen eine Methoden- und Ereignisfolge: Challenge, Conflict, Crisis, Confrontation, Communication, Compromise, Change.[139] Es mag dem US-Denken geschuldet sein, dass diese Phasen alle mit C beginnen, aber entscheidend ist, dass es eine Eskalation gab, aufgrund derer vorformulierte Ziele zur Konfliktlösung angeboten wurden. Das mögen Kompromisse gewesen sein, aber auch in normalen demokratischen Prozessen sind Kompromisse die Regel.

---

[137] nicht jüdische Völker in der Traditionen des AT
[138] Autobiography S.227
[139] Schön zusammengefasst von T.Dietrich, a.a.O. S.50

King und Gandhi setzten auf gewaltfreie Methoden. Erfolgreich waren sie nur, wenn ihnen die Massen folgten. So erklärte King bei der Entgegennahme des Friedensnobelpreises, dass dieser eigentlich den hunderttausenden MitstreiterInnen gehörte. Das ist nur zweite Hälfte der Wahrheit. Ohne das Engagement von Charismatikern gelingen solche Aktionen nicht. Massen zu faszinieren ist eine besondere Gabe. Gandhi und King setzten sie positiv ein. Die Methoden kannte man schon lange. Massendemonstrationen sind aus dem Altertum bekannt, Wirtschaftsblockaden ebenfalls. Wirtschaftssanktionen gelten als politisches Instrumente. So boten Kings theoretische Schriften auch Politikern, die sich nicht als Pazifisten verstanden, wichtiges Material, weil er klug Mechanismen analysierte und mögliche Reaktionen durchspielte.

King wirkte auch nach Deutschland. Hans-Eckehard Bahr, Bochumer Friedensforscher erzählte im WDR am 28.8.08 von der Mitarbeit bei King in Chicago: "Man ging durch ein Spalier von Hass, die Schlagstöcke der weißen Polizisten immer vor Augen." King schilderte er als „einen Mann, der begeistert war von einer politischen Vision, dass alle Menschen einer Weltgemeinschaft gleichberechtigt sein sollen, nicht nur Schwarze und Weiße, sondern auch alle anderen Kulturen."

„Gewaltfreier Kampf" war die Kontinentalsperre, die Napoleon von 1806 bis 1813 verfügte. Dabei blockierten die Kontinentaleuropäer den Handel mit den britischen Inseln. Die vorausgegangene Seeblockade durch die Briten gehörte noch zu einem militärischen Vorgehen. Ronald Reagan kombinierte die militärische und wirtschaftliche Strategie, wobei er sogar den Weltraum mit in seine Rüstungspläne einbezog. Seine strategische Verteidigungsinitiative (SDI) plante ein Raketenabwehrsystem im All für 26 Mrd. Dollar. Damit wollte der US-Präsident zugleich die Sowjetunion zugrunde rüsten. 1990 war dieser Plan aufgegangen.

Im ersten Weltkrieg ächteten die Briten Waren „made in Germany". Diese Bezeichnung sollte ihre eigenen Produkte schützen. Doch die Qualität der mit „made in Germany" diffamierten Waren, bewirkte das Gegenteil. Im ersten Weltkrieg verwendete man dann diese Kennzeichnung aus dem wirtschaftlichen Wettbewerb als Teil der militärischen Kriegführung an der Heimatfront.

Kriege werden nicht nur mit Waffen als Angriffsmittel geführt. Der Begriff „Gewaltfreiheit" ist alles andere als eindeutig. So griff man in den 60er und 70ern das Thema „strukturelle Gewalt"[140] auf. Wenn Ge-

---

[140] Sehr profiliert der Träger des alternativen Friedensnobelpreises 1987: Johann Galtung, Abbau struktureller Gewalt als Aufgabe der Friedenserziehung, 1973, wo er auf

walt auf körperliche Gewalt reduziert wird, kann man damit relativ effektiv umgehen, blendet aber andere Gewalterfahrungen aus. Die Pädagogik der 60er Jahre stigmatisierte die Prügelstrafe, kehrte aber den Liebesentzug, der bei Kindern schlimme seelische Schäden hervorrufen kann, unter den Tisch.

Wirtschaftssanktionen begleiten brutale Folgen, unter denen vor allem die Bevölkerung zu leiden hat. Wenn Wirtschaftssanktionen gegen Diktaturen gefordert werden, übersieht man leicht, dass auch demokratische Staaten regelrechte Wirtschaftskriege führen. Die wirtschaftliche Waffe setzte gegenwärtig individuell gezielt Saudi-Arabien im Konflikt mit dem Iran ein. Der libanesische Regierungschef Saad Hariri aus Saudi-Arabien musste in seinem Land zwischen den mächtigen Saudis und der vom Iran unterstützen Hisbollah lavieren. Als er sich mit einem früheren Außenminister Teherans getroffen hatte, sorgte das saudische Königshaus für die Pleite des Firmenimperiums von Hariris Familie. Hariri war in Riad und las aus dem Hotel seine Rücktrittserklärung vor. Das akzeptierte Beirut nicht, da der Regierungschef dem Ministerpräsidenten persönlich seinen Rücktritt erklären muss. Hariri durfte ausreisen und erklärte vor seinem Premier Aoun seinen Rücktritt. Dieser nahm diese Erklärung jedoch nicht an und Hariri musste im Amt bleiben. Zur Beruhigung der Lage distanzierte sich der Premier von Teheran.

Wirtschaftliche Erpressungen finden ohne Militärs statt – abgesehen vom einträglichen Handel mit Waffen -, sind aber in eigener Weise brutal. Heute finden diese Kriege oft nicht mehr zwischen Nationen, sondern internationalen Wirtschaftsimperien statt. Das Primat der Politik scheint sich erübrigt zu haben.

8.3 Die Medien

Dr. Martin Luther King war sich der Bedeutung der Medien bewusst. Viele populäre Persönlichkeiten beherrschen die Klaviatur der Presse, des Rundfunks und des Fernsehens hervorragend.

Schon Kings Namenspatron aus Wittenberg setzte auf die Medien. Die Möglichkeiten des Buchdrucks voll ausschöpfend, nicht zuletzt durch Flugschriften, erreichte Martin Luther in kürzester Zeit einen unglaublichen Bekanntheitsgrad. Für Drucker war er eine Art Goldesel, weshalb er sich bald auch über Raubdrucke[141] beschwerte.

Unstimmigkeiten bei schulischer „Friedenserziehung" zu sprechen kam.
[141] Etwa H.Hergot, den er als Herrgöttle titulierte. (V.Schoßwald, Rebellen der Reformation)

Den Medien geht es auch um das gute Geschäft. Inhalte können mitunter zweitrangig sein. Wer im Internet auf die Startseite von GMX klickt, erkennt: Das ist nicht Journalismus um der Themen willen. Auf solche Realitäten musste King Rücksicht nehmen.

Es war ein Geben und Nehmen: Wenn er plakativ redete oder handelte, profitierten die Medien davon. Er positionierte sich so, dass er Gegenreaktionen herausforderte: Das wollten die Leser, Hörer und Zuschauer. King konnte seine Anliegen einer breiten Öffentlichkeit darlegen. Das war sein Gewinn. Die Elementarisierung von Botschaften hilft auch dem „Endverbraucher" gegenüber, denn King hatte dieselbe „Zielgruppe" wie die Medien, nämlich die US-Öffentlichkeit aller Generationen und Schichten.

1962, etwa wurden Ralph und er in Albany ins Gefängnis geworfen. Man steckte sie in eine völlig verdreckte Einzelzelle, seiner Beschreibung nach das Ekligste, das er je erlebt hatte. Bald checkte der Chef, dass er zwei prominente politische Gefangene mit exzellenten Kontakten zur Presse beherbergte. Ihm lag keineswegs an schlechten Nachrichten über sein Gefängnis, schon gar nicht bundesweit. Also ließ er die Zelle auf Hochglanz polieren.

Es ging zwar „nur" um 45 Tage, aber King reagierte auf Gefängnisse allergisch, depressiv. Die Abschottung von der Außenwelt bedrückte ihn. Dazu ordnete der Chef an, dass die beiden keine Straßenarbeiten zugeteilt bekämen, weil dies zu gefährlich sei. „It's almost like being dead while one still lives."[142]

Während dieser Zeit wurden bei einer riesigen Demonstration etwa 50 Anführer verhaftet. Als diese „Freedom-Songs" singend zum Gefängnis kamen, wurden Ralph und Martin in die Bull-Pen gebracht: Dunkel, schmutzig. Man sollte nicht glauben, dass es so etwas in einer Gesellschaft gäbe, die man für zivilisiert hielt.[143]

---

[142] Autobiography S.157
[143] ebd.S.159. Bei einer Interrail-Reise 1979 durch England, durften wir in Victoria-Station, London nicht beim Bahnsteig während der Wartezeit Kartenspielen. Als ich empört bei der Stationsleitung protestierte: „I thought, this is a civilised country!", wies man uns eilig freie Plätze im Restaurant zu. Ich hatte ihre Ehre angekratzt. Als ich 2016 meinem 18-jährigen Sohn den Ort des Geschehens zeigen wollte, kamen wir nicht auf den Bahnsteig: Er war völlig abgeschirmt. Bahnreisende mit Aufenthalt wirken wie potentielle Terroristen. - 1973 ruhte ich noch im Schlafsack mit einem Freund bei einer Bank und wir wurden erst bei Beginn des Berufsverkehrs von einem Bobby freundliche geweckt: „Good morning, Sir. I think, it's time to get up and have a little breakfast." Den Wortlaut habe ich mir bis heute gemerkt: Das war ein kultivierter Umgang.

Am dritten Tag mussten sie zivil gekleidet beim Chef erscheinen, der ihnen ihre Entlassung verkündete. King wollte nicht freigelassen werden, da es noch 700 weitere Gefangene gäbe, mit denen er solidarisch sei. „God knows, Reverend, I don't want you in my jail." Die beiden wurden „zwangs"-entlassen. King notierte, dies sei das einzige Mal, wo er es bedauerte, aus dem Gefängnis zu kommen.[144]

Medienwirksam: rabiate Verhaftungen, hier neben der schwangeren Coretta. - Hinter Gittern: diese plakative Botschaft goutierten die Medien

Zwei Wochen später saß er wieder hinter diesen Gittern. Dort hielten sie dann auch ihre „Staff-meetings". Zwei Tage später erhielt King im Gefängnis einen Anruf von „Meet the Press", einer Fernsehsendung, in der er auftreten sollte. Dafür würde er freikommen. Nach kurzer Beratung mit seiner Staff lehnte er ab. Der Chef riet ihnen zu gehen und fragte, ob sie nicht wüssten, wie angespannt die Situation sei.

Der Sheriff des County-Jail wollte Kings Kopf sprengen! King war entsetzt und nahm Kontakt zum Präsidenten und seinem Bruder Robert als Anwalt auf. Robert Kennedy wurde übrigens im selben Jahr ermordet wie King.

In Albany ergänzte King die Methodik um das Jail-In. Das war nicht die Gefängnisromantik von Whity Elvis mit Jailhouse-Rock. Beim Jail-In erklärte er, die Schwarzen in Albany hätten ihren Rücken gerade gehalten und Gandhi hätte gesagt: „Niemand kann auf dem Rücken eines Menschen reiten, außer er ist gebeugt!"[145] Doch an Nelson Mandela sieht man die Grenzen medialer Macht.

Ein klassisches Negativbeispiel lieferte die Türkei. Im Januar 2018 wurde in Deutschland über zwei türkische Journalisten berichtet, die nach ihrer Verhaftung beim Verfassungsgericht Beschwerde eingereicht hat-

---

[144] ebd. S.159
[145] ebd. S.168

ten. Die Richter des obersten türkischen Gerichtes verfügten eine Freilassung, doch ein Strafgericht widersetzte sich dieser Freilassung erfolgreich. Der türkische Vize-Premier unterstützte das Strafgericht.

Eklatant wird die Situation bei Deniz Yücel. Der in der Türkei inhaftierte Journalist besitzt einen türkischen wie auch deutschen Pass. Seine Verhaftung führte zu einem zwischenstaatlichen Konflikt – aber mit einer Diktatur lässt sich nicht vernünftig reden. Noch nach einem Jahr lag für den regimekritischen Journalisten keine Anklageschrift vor. Der Präsident selbst ließ ihn verhaften. Weder die Medien noch die deutsche Regierung konnten seine Freilassung erreichen. Ob der europäische Gerichtshof etwas bewirkt, ist zu bezweifeln. Welcher Diktator lässt sich von solch einem Papiertiger beeindrucken. Illegale Waffenlieferungen des renommierten Produzenten Deutschland sprächen da eine verständlichere Sprache. Eine Zustellung dieser Waffen aus dem Flugzeug über Ankara entspräche der Sprache der Adressaten. (Sarkasmus!)

Ich ließ diese Zeilen des Manuskriptes vom Januar 2018 unbearbeitet stehen, um den Fortschritt der Geschichte spürbar zu machen. Am 16.2.18 wurde Yücel freigelassen – gerade, als die internationale Sicherheitskonferenz in München tagte. Dort war die türkische Delegation übrigens im selben Hotel wie der bundesdeutsche Politiker Cem Özdemir untergebracht. Die Türken beschweren sich darüber, dass sie mit einem Terroristen unter dem gleichen Dach wohnten. Özdemir bekam daraufhin Personenschutz.

Die Grenzen der Medienmacht zeigen sich besonders dort, wo die Masse der Bevölkerung hinter den Unterdrückern steht. Dies ist freilich immer im Prozess und kann sich wandeln. Martin Luther King ist ein beredtes Beispiel dafür. Das zeigt die patriotische Stellung der US-Bevölkerung zum Vietnamkrieg, die nach Kings Tod Richtung vehementer Ablehnung kippte.

Die Stimmung gegenüber King veränderte sich auch wieder. Verschiedene Seiten forderten, ihm einen nationalen Feiertag zu widmen. Im Ohr blieb Stevie Wonders „Happy Birthday" (1981), der eine Ehrung von Martin Luther King anmahnte: "I just never understood, how a man who died for good could not have a day that would be set aside for his recognition… For in peace our hearts will sing: Thanks to Martin Luther King." Ausgerechnet der reaktionäre Ronald Reagan, zu Kings Zeit Gouverneur von Kalifornien und Feind aller Kriegsdienstverweigerer[146]

---

[146] Das "Draft-Resistance-Movement" artikulierte sich etwa im August 1969 beim Woodstock-Festvial for Love&Peace gegen Reagan (Country Joe McDonald).

musste diesen nationalen Feiertag am jeweils dritten Montag im Januar in den USA einrichten.

8.4 Der Pazifismus ist so obsolet wie Gott

Ich weiß nicht, wie King von einem gewaltfreien Widerstand im Vietnamkrieg dachte, der in schlimmster Art im Gange war. Was ließe sich angesichts von Napalmbomben machen? Natürlich gibt es Pazifismustheoretiker, die es sich zur Aufgabe gemacht haben, vor der Realität nicht zu kapitulieren. Das ist gut so. Trotzdem erspart uns das gute Motiv und das gute Ziel nicht eine kritische Sicht. Ich nehme aus den Reihen der profilierten Friedensforscher, zu denen sich auch ein Mann wie Carl Friedrich von Weizäcker zählte, Theodor Ebert.

Ebert[147] stellte Überlegungen zu einem möglichen „gewaltfreien Widerstandes" im Dritten Reich an und argumentierte zunächst damit, wie viele Opfer der Krieg forderte und dass gewaltfreier Widerstand zwar nicht ohne Opfer abginge[148], aber man dieses in Relation setzen müsse. Er meldete Kritik an Bonhoeffer an, der von der Gewaltlosigkeit abging und zum Tyrannenmord überging. Ebert meinte, man habe dem gewaltfreien Widerstand nicht genug Zeit gegeben. Das ist sehr ärgerlich, wenn man pazifistische Ideale hat und auf einen prominenten Mitstreiter trifft, der an der Realität vorbei argumentiert. Denn tatsächlich hatte der Widerstand gegen die Nazis ganz viel Zeit, gerade auch vor 1933. Es fehlten allerdings die „Massen" der Friedenswilligen und es fehlte die Moral. Pazifismus ist nur dann eine Option, wenn er in Rechnung stellt, dass zumindest die Mehrheit der Menschen und aller Gruppierungen nicht gut ist. Martin Luther King baute dies in seine Überlegungen ein.

Der militärische Widerstand gegen die Nazis war schneller und effektiver als der pazifistische. Ebert bringt Zahlen, wie viele Tote dieser militärische Widerstand durch die Alliierten forderte. Aber auf dem Hintergrund des Dritten Reiches mit seinem systematischen Genozid überzeugt dies nicht besonders. Hätte man Ebert im KZ umgebracht, wäre die magere Zahl der Pazifisten um eine ärmer geworden. Tote Pazifisten helfen selten der gewaltfreien Lösung weiter. Das war selbst im Fall von Martin Luther King kritisch. Sein Märtyrertod hob zwar ihn selbst auf eine besondere Position, aber zugleich wurden die Black Panter stark, die hier eine Niederlage des gewaltfreien Widerstandes sahen. Freilich war auch

---

[147] Ich beziehe mich auf einen Aufsatz von 1995: Theodor Ebert Bonhoeffer und Gandhi - Oder: Hätte sich der Hitlerismus gewaltfrei überwinden lassen?

[148] Schon 1968: „Die gewaltfreie Aktion erfordert eine große und anhaltende Opferbereitschaft, aber sie führt doch mit geringen Kosten und schneller als die gewaltsame Aktion zu einem dauerhaften Erfolg." Dafür fehlen bisher die Beweise.

Malcolm X ermordet worden. Insofern hielt sich Pro und Contra die Waage.

Wir könnten auch für den Weltfrieden beten, bis er eintritt. Mit dem Auslöschen der Menschheit wäre das Gebetsziel „erfüllt". Denn: „Soldaten, Jahrhunderte blicken auf euch herab..." (Napoleon) Wenn sich irgendjemand als inkompetent bis irrelevant für den Weltfrieden erwies, dann war es Gott, der Gott welcher Religion auch immer. Da war die UNO noch effektiver – und unter deren moralischer Ägide fanden bereits mehrere Genozide (Serbien, Rwanda) statt.

Menschen riskieren ihr Leben, wenn sie sich den Machthabern widersetzen. Da ist es schon sehr kritisch, wenn das Gewissen der Machthaber nur hypothetisch existiert. Diese Hypothese könnte für viele Menschen den Tod bedeuten, ohne dass dieser durch den Fortgang der Geschichte seinen angestrebten Sinn erhielt.

8.5 Szenarien gegen die Gewaltspirale

Bei Vorträgen zum Thema „Non-violence" oder „Mittel gegen die Eskalationsspirale" musste ich praktische Beispiele liefern, wo Gewaltfreiheit gelang. Es gibt Bereiche, in denen Gewaltfreiheit zum Scheitern verurteilt ist. Da gilt es, invasive Methoden zu vermeiden. Auf alle Fälle muss bei Thema „Einsatz von Gewalt" auch ein Szenario für Ende der Gewalt vorhanden sein. Während des Kalten Krieges legte das Hudson Institut 1965 eine „Standart-Krise"[149] vor, die eine Eskalation bis zu einem begrenzten Einsatz von Atomwaffen durchspielte und Deutschland als Ausgangspunkt hatte, weil hier die Supermächte aufeinander trafen. Als realistisch wurde die Zerstörung der Erde nicht in den Blick genommen, sie galt als unwahrscheinlich.

Damals galt Abschreckung als friedenserhaltende Maßnahme. Dieter Senghaas[150] formulierte das Dilemma, dass dieses Modell von Angst auf beiden Seiten als notwendiger Voraussetzung ausging und Angst destabilisierte. Fragwürdig wäre zudem, ein dauerndes Leben in Angst als „Frieden" zu bezeichnen.

Aber gehen wir ein paar Beispiele, wie Eskalationen unterbrochen werden können, durch:

Das banalste Beispiel stammt aus dem wöchentlichen Alltag: Wie geht man mit der Gewalt von Hooligans beispielsweise bei Fußballspielen um. Fan-Clubs haben sich schon erfolgreich versucht, aber auch sie scheiterten, wenn Gewaltanwendung als solche das Ziel war. Erfolgreich

---

[149] Frieden – Friedensstrategien S.30ff.
[150] D. Senghaas, Aggressivität und Gewalt, in: Aggression und Anpassung 1968.

ist häufig die Polizei, wenn sie zielgerichtet arbeitet. Dazu gehört, beispielsweise die Treffen der Hooligans weg vom Stadion zu legen. Dabei hilft aber kein Verkehrspolizist mit den Kasperltheaterpuppen, der für das Thema Verkehrserziehung durchaus Erfolge verzeichnen kann. Die Hooligans müssen die Sprache der Polizei verstehen. Diese muss eindeutig sein. Allerdings muss von vorneherein klar sein, wie eine Eskalation verhindert wird, wie also Polizisten sich selbst und damit die Situation im Griff haben.

Theodor Ebert erklärte dazu: „Die Aussichten, einen gewaltsamen Aufstand auf gewaltlose Kampftechniken umzuschalten, sind gering. Während der gewaltsamen Kampfhandlungen sollte schon die gewaltfreie Strategie für die Konfliktsituation nach deren Abschluß geplant werden."[151] Das Desiderat wird aber selten realisiert.

Im größeren Bereich wären es die Blauhelme, also die UN-Truppen. Ihre Effizienz ist im Prinzip hoch, in der Realität gering, weil selbst bei der UNO Interessen vertreten werden, die sich dem Frieden nicht unterordnen. Dazu gehören alle Großmächte einschließlich der Wirtschaftskonzerne. Der Syrienkrieg ist ein ebenso trauriges wie klassisches Beispiel. Heute, 14.4.18 in den Morgenstunden feuerten die USA, England und Frankreich 100 Raketen auf Syrien ab. Ziel war, die Produktion von Chemiewaffen zu stoppen, welche kürzlich von der syrischen Armee eingesetzt worden waren. Angeblich wurde Russland informiert, dass keine Raketen dorthin flögen, wo russische Truppen waren. Damit wollte man eine Eskalation verhindern.

Wenn Blauhelme eingesetzt werden, ist das Kind in den Brunnen gefallen. Im Vorfeld gibt es die Chancen. Zum Versuch einer **Friedenseskalation** gehören vertrauensbildende Maßnahmen. Eine vertraute Krimi-Szene: Geiselnehmer und Kommissar stehen sich gegenüber. Der Kommissar entwaffnet sich, damit der andere angstfrei reden kann. Das ist mit einem gewissen Risiko behaftet, immerhin einem tödlichen. Aber das Signal ist eindeutig.

Im kriegerischen Konflikt wäre es eine einseitige Abrüstung. Im Balkankrieg beispielsweise wurden die Mazedonier aufgefordert, ihre Waffen abzugeben. Dann könnte es zu einem Friedensschluss kommen. Die Mazedonier kamen der Aufforderung nach. Die Folgen waren komplex und nicht nur ermutigend, führten aber mittelfristig zum Erfolg, was den Kriegszustand betraf. Mazedonien, unabhängig seit 1991 wird von Menschen mit unterschiedlichem ethnischem und religiösem Hintergrund bewohnt. Eine starke Minderheit sind die Albaner, von denen das 1999

---

[151] „Gewaltfreier Aufstand oder revolutionärer Bürgerkrieg? 1968 S.7

viele als Flüchtlinge aus dem Kosovo aufnahm. 2001 besetzten albanische Kämpfer einige Dörfer und es kam zu Kämpfen mit Polizei und Armee. Nach einem halben Jahr wurden erfolgreiche Schritte zur Befriedung unternommen, als paramilitärische Gruppen ihre Waffen abgaben. Dem lagen innenpolitische Versprechen zugrunde. Es folgte eine massive europäische finanzielle Unterstützung; der Beitritt zur EU wurde 2018 aufgrund nachhaltiger Reformen beschleunigt. Offenkundig liegt hier ein Erfolg mit gewaltfreien Strategieanteilen vor.

In anderen Konzepten geht es nicht um territoriale Verteidigung, sondern um soziale Verteidigung, wo die eigenen Interessen unter der Fremdherrschaft verteidigt werden. Klassisches Beispiel dafür ist der Widerstand der Tschechoslowaken gegen die russische Okkupation im sog. „Prager Frühling"1968. Schon der militärische Einmarsch wurde sabotiert, indem etwa Wegweiser umgestellt wurden oder Ortsschilder ausgetauscht wurden. In den Verwaltungen brachte man die Registraturen durcheinander. Die Soldaten des Warschauer Paktes (außer der DDR) waren zwar da, aber ihnen fehlten wichtige Teile der Infrastruktur. Die Tschechoslowakei blieb im Warschauer Pakt ein Sonderfall und es war gerade in Prag, wo die DDR-Flüchtlinge eine Ausreisegenehmigung in die BRD erhielten.

Von den „Schwarzen Müttern" erzählten mir palästinensische und israelitische Frauen in Jerusalem. Als 1987 die Intifada gegen die Besetzung palästinensischer Gebiete durch Israelis ausgebrochen war, wollten bald die Mütter gefallener Soldaten auf beiden Seiten dem Gewaltwahn der Männer nicht mehr leidend zuschauen und verbündeten sich. An den großen Einfallsstraßen Jerusalems stellten sie sich in Gruppen zu den Stoßzeiten auf, schwarz gekleidet als Mütter von gefallenen Soldaten. „Stop the Occupation" signalisierten sie. Bald konnten die Männer ihr Schweigen nicht mehr überhören und begannen tatsächlich mit Verhandlungen, die einige Zeit zu einem vergleichsweise friedlichen Miteinander führten.

Die Beispiele von King und Gandhi lasse ich in dieser Aufzählung aus. Natürlich haben diese Aktionen die Welt nicht substantiell besser gemacht, aber sie zeigen, dass das Instrumentarium breiter ist als uns die friedliebenden Militärs weißmachen wollen. Immerhin steckt auch im Wort „Friedhof" der Begriff „Friede".

8.6 Positionierungen

In der Zeit von Kings Birmingham-Aktionen und kurz vor dem Marsch auf Washington erklärte Papst Johannes XXIII in „Pacem in terris": „…Deshalb fordern Gerechtigkeit, gesunde Vernunft und Sinn für die Menschenwürde dringend, daß der allgemeine Rüstungswettlauf aufhört; daß ferner die in verschiedenen Staaten bereits zur Verfügung stehenden Waffen auf beiden Seiten und gleichzeitig vermindert werden; daß Atomwaffen untersagt werden; und daß endlich alle nach Vereinbarung zu einer entsprechenden Abrüstung mit wirksamer gegenseitiger Kontrolle gelangen..." Er argumentierte dezidiert nicht religiös, um möglichst breite Zustimmung zu erhalten. Sein Ziel ist nicht nur der militärische Friede, sondern auch, „daß die Furcht und die angstvolle Erwartung eines Krieges aus den Herzen gebannt werde."[152] Frieden ist eben mehr als die Abwesenheit von Krieg.

Helmut Schmidt schrieb 1969 über die „Strategie des Gleichgewichts" angesichts der Ideologie des „Gleichgewichts des Schreckens", dass atomare Abschreckung wegen ihres zu hohen Risikos ziemlich unglaubwürdig sei. Das gelte aber nicht für konventionellen Waffen: Hier geht es um das Verhältnis von Risiko und Erfolgschance des Angreifers. Als Bundeskanzler befürwortete er die Aufstellung nuklearer Mittelstreckenraketen. Zugleich erklärte er: „Lieber 100 Stunden umsonst verhandeln, als eine Minute schießen." Er hatte behauptet, mit der Bergpredigt lasse sich nicht regieren. Vielleicht hat er damit Recht. Aber er ist ein Beispiel dafür, dass sich mit Vernunft auch nicht regieren lässt. Carl Friedrich von Weizäcker[153] formulierte 1966[154] die „Weltinnenpolitik" und erklärte, der Weltfriede sei Lebensbedingung des technischen Zeitalters. Es geht aber nicht um die Elimination der Konflikte überhaupt, sondern einer bestimmten Form des Austrags der Konflikte. Um hier steuern zu können, bedürfe es einer Weltinnenpolitik mit den entsprechenden Einrichtungen. Fünfzig Jahre später zeigt die UNO die Grenzen seines Vorschlags auf, ist aber immerhin präsent.

---

[152] Frieden - Friedensstrategien, Hg. P.Ackermann, S.10
[153] der große Philosoph, der sich scheute, die Verantwortung als Bundespräsident zu übernehmen – was sein Bruder später tat.
[154] „Über weltpolitische Prognosen"

9 Konfrontation mit der Gewaltbereitschaft

Martin Luther King stellte sich nicht nur selbst in Frage – was keineswegs eine Stärke aller Führungspersönlichkeiten ist -, er ließ auch Infragestellungen von außen an sich heran.

Einer seiner ernstzunehmenden Kontrahenten trug den eigentümlichen Namen „Malcolm X". King schilderte ihn mit Empathie als einen Mann, der keine Chance hatte, auf den Weg des Friedens zu kommen, weil die brutalen Erfahrungen, die in seiner Kindheit seine schwarze Familie erleben musste – wie die Ermordung seines Vaters durch Weiße, zu tief saßen, um übertüncht zu werden. Malcolm X, der junge Revolutionär setzte auf Gewalt gegen Gewalt und traf damit den Nerv vieler Schwarzer, denen die Fortschritte durch Nonviolence marginal erschienen oder zu langsam gingen. King war für Malcolm X so eine Art „Uncle Tom".

9.1 Denn sie wussten, was sie taten: Malcolm X

Nach der Lektüre der Lebensgeschichte von Malcolm X wusste ich wieder, wo der Gegner steht. Dieser Gegner ist nicht einfach sichtbar. Er steckt in dem Übel, das Menschen sich gegenseitig zufügen. Er steckt aber ganz besonders in dem Übel, das Kindern zugefügt, das Kindern angetan wird. Die großen Spendenaktionen setzen ganz oft auf Bilder von Kindern. Sie wissen, warum sie es tun. Denn Kinder fordern ganz besonders unseren Schutz heraus, und oft genug sind sie mit einer spontanen Liebe verbunden. Wenn dieses Grundgefühl nicht funktioniert, etwa bei Rassisten, Geschäftemachern oder gar Eltern, dann liegt etwas Grundlegendes im Argen. Noch ist es eine Anfrage, keine Schuldzuweisung, denn ich kenne die einzelne Person nicht. Aber in dem, was geschieht, kann ich Schuld erkennen und Schuld benennen. Oft genug, das sehen wir am Palästinenserkonflikt, entsteht Schuld nicht spontan, sondern sie hat ihre Geschichte durch Generationen. Bei den weißen US-Amerikanern sehen wir aber keine Geschichte, in der Opfer zu Tätern werden, sondern eine Geschichte, in der die Söhne der Täter zu Tätern werden und die Kinder der Opfer zu Opfern. Die Tatsache, dass die weißen Täter sich nicht nur als Christen bezeichnen und bezeichneten und dass sie über genügend christliches Wissen verfügen, um das abgrundtiefe Böse in ihren Taten zu erkennen, holt sie aus einer vorläufigen Unschuldsvermutung. Diese Weißen waren und sind böse, denn sie wussten und wissen, was sie taten und tun.

Das gewaltsam verkürzte Leben von Malcolm X in Kürze: Am 21.2.1965 wurde El Hajj Malik el-Shabazz in New York City ermordet. Zur Welt kam er am 19.5.25 in Omaha als Malcolm Little, Sohn des schwarzen Reverends Earl Little. Seine Mutter Louise Norton war das Kind eines Schotten und einer afroamerikanischen Mutter. 1929 erwarb der Vater ein Haus in einer auch von Weißen bewohnten Straße. Der Kauf wurde nach Protesten der Nachbarn rückgängig gemacht. Little verlor den folgenden Prozess und wurde 1931 von einer Straßenbahn überfahren. Die Familie vermutete einen Mord, die Versicherung einen Selbstmord, um nicht zu zahlen. Der alleinerziehenden Mutter nahm man ob ihrer Verzweiflung die Kinder weg. Malcolm kam in eine (weiße) Pflegefamilie, in die er sich integrierte.

Doch nach dem hervorragenden Highschool-Abschluss konnte er nicht wie seine weißen Mitschüler weiterstudieren. Dass die Zugehörigkeit zur Spitze der USA stärker an der Hautfarbe als an der Intelligenz ausgerichtet ist, spiegelt sich bis heute in den Ergebnissen der Entwicklung jenes Staatenverbundes. In Russland fände man ebenfalls nicht die Intelligenz, sondern die kriminelle Energie als effektives Kriterium für gesellschaftlichen Erfolg. In China verhilft ebenfalls nicht vorwiegend die Intelligenz geschweige denn die Integrität in führende Positionen, sondern eine andere machtfördernde Eigenschaft. Wenn das in den drei mächtigsten Nationen so ist, wird es in kleineren nicht völlig anders sein. Intelligenz kombiniert mit Integrität scheint auf diesem Planeten eine politische oder wirtschaftliche Karriere eher zu behindern.

1941 zog Malcolm nach Boston und versuchte, sich einzuweißen, etwa durch die Entkräuselung seiner Haare. Später wertete er dies als Selbstdegradierung. Dabei tauchte er tiefer in die schwarze Community ab. Das brachte ihn mit Drogen, Prostitution und Kriminalität zusammen und ins Gefängnis. Dort begegnete er der „Nation of Islam" als Vertreterin einer schwarzen Kultur. Ihre Mitglieder gaben sich den Nachnamen „X", womit sie sich gegen ihren bisherigen Familiennamen als Produkt der Sklavenhalter stellten und signalisierten, dass ihnen ihr identifizierbarer Familiennamen durch die Sklaverei geraubt worden war.

Bei der „Nation of Islam" brachte es Malcolm zum nationalen Sprecher. Als solcher klagte er die weiße Nation an, eine Identität durch die Versklavung der Schwarzen zu erhalten. Er benannte viele Gründe, um die Weißen als Teufel zu betrachten. Krassestes Beispiel waren die Lynchmorde nicht nur durch den Ku-Klux-Klan.

In den 50er Jahren stieg der begnadete Rhetoriker in den Reihen der Nation of Islam zur nationalen Bedeutung auf. Er verkörperte ein schwarzes Selbstbewusstsein in einer Gesellschaft, die vor weißer Arroganz nur so strotzte.

1958 heiratete er und wurde im Laufe der Jahre sechsfacher Vater. Ein Zwillingspaar kam erst Monate nach seiner Ermordung zur Welt.

Ende der 50er-Jahre drang die von Martin Luther King angeführte Bürgerrechtsbewegung nachhaltig ins öffentliche Bewusstsein ein. Zu dieser nahm Malcolm X dezidiert Stellung.

Kings Erfolge ließen sich schlecht bezweifeln. Aber schätzte er die Realität richtig ein? Die Anhänger des Predigers aus dem Süden sahen im Norden der USA bereits das gelobte Land. Malcolm, den man in den schwarzen Gegenden des mittleren Nordens seiner rötlichen Haare wegen auch „Detroit Red" nannte, kannte das Leben in den Großstadtslums mit seiner Perspektivlosigkeit. Da lag King mit seinen Südstaatenreformen neben der Spur. Die Wut der Unterprivilegierten fand sich in der „sanften" Revolution Kings nicht wieder. Das „Kneel-In", das Gott galt, wurde als Knien vor den Mächtigen interpretiert, wie ein Winseln um Gnade. Die Sprache des gewaltlosen Widerstands erreichte vielleicht einige gutwillige Weiße, aber besser wählte man die klassische Sprache der Weißen, um verstanden zu werden. Die weiße Sprache hieß: Gewalt.

Über schwarze Gewalt darf sich niemand empören, der sich nicht vorher über weiße Gewalt empört hat. Auch in unserem Jahrzehnt demonstrieren US-Cops die Herrschaft der weißen Brutalität über die Schwarzen. Der neue „White-House-Red" der USA bestätigt mit seiner Maffia noch im Nachhinein Malcolm X.

Der scharfzüngige militante Führer der Afro-Amerikaner unterschied zwischen Hausnegern und Feldnegern. Feldneger nannte er die selbstbewussten schwarzen Amerikaner, die ihre afrikanische Herkunft hochhielten. Als Hausneger galten Leute wie King, die sich bestimmte Privilegien von den weißen Hausherren erschmeichelten. Die islamistische Al-Quaida titulierte noch fünfzig Jahre später Barak Obama als „Hausneger".

Für King selbst wählte Malcolm X voller Verachtung den netten Titel „Uncle Tom", der das Sklavensystem stabilisiere.

Freilich korrodierte das böse System auch die Nation of Islam, als der Anführer Elijah Muhammad durch Korruption und sexuelle Affären nicht mehr integer war. Er verfügte über ein Netzwerk in der weißen Elite und erteilte Malcolm X ein mehrwöchiges Redeverbot, als dieser nach John F. Kennedys Ermordung am 22.11.63 erklärt hatte, dass die Küken zum Hahn zurückkehren, also Kennedy seine Ermordung als Teil des Systems selbst zu verantworten habe. Von Seiten der Nation of Islam erhielt Malcolm X in der Folge Morddrohungen, so dass ihn ab Juni Bodyguards begleiteten.

Im März 64 verließ er die „Nation of Islam" und gründet mit anderen Kampfgenossen die „Muslim Mosque Inc.". Der Islam blieb für ihn die Religion der Wahl und so pilgerte er im April nach Mekka. Als Sunnit änderte er seinen Namen in El Hajj Malik el-Shabazz. Doch seine anschließende Tour durch Afrika ließ ihn die Rolle der Frau emanzipatorisch überdenken.

Die Nation of Islam vertrat zwar befreiende Gedanken, aber die „islamische" Tradition schloss Frauen davon aus – so etwas gilt an anderer Stelle auch für „christliche" Bewegungen. In Deutschland wäre bis gegen Ende des 20. Jahrhunderts etwa die „christlich" soziale Union zu nennen.

Am 21.2.1965 trat Malcolm X in Washington Heights[155] in New York auf. Während des Vortrags lenkten zwei „Streithähne" die Bodyguards ab und drei Männer schossen auf Malcolm. 21 Schüsse trafen. Malcolm X starb. Im Dunst einer Rauchbombe konnten zwei der Attentäter entkommen. Sie stammten aus der Nation of Islam. Der einzige gefasste Täter wurde nach 50 Jahren entlassen.

Auf diesem Hintergrund kann Wut zu Gewalt führen und an Kings Ermordung sieht man, dass Gewaltlosigkeit auch Gewalt hervorrufen kann. Die Fakten sprechen keine eindeutige Sprache in die eine oder die andere Richtung.

Malcolm X befand sich in einem Prozess. Vielleicht hätte er mit mehr Lebenszeit erkennen können, dass Gewalt nicht die Lösung ist, sondern das Problem wie einen genetischen Kern in sich trägt. In neuerer Zeit demonstrieren dies Frühlinge, die wir im Nahen Osten miterleben konnten.

9.2 Ku Klux Klan

Der Ku Klux Klan operierte 1865-75 und 1915-44 vor allem in den US-Südstaaten. Gegründet wurde er an Weihnachten 1865: „Go, tell it on the mountains". Der KKK zielte auf die Wiederversklavung der Schwarzen. 1924 verfügte der Klan über ca. vier Millionen Mitglieder. Die Alleinherrschaft der Weißen sollte wiederhergestellt werden. Zu den Feinden zählte man auch Juden und Katholiken. In seinen Erinnerungen schrieb Willy Brandt von einem Besuch in den USA 1954: „Ich erlebte... Einrichtungen, die diskret, aber unmißverständlich darauf aufmerksam

---

[155] In diesem Stadtteil hatten sich in Folge der Judenverfolgung zehntausende von deutschstämmigen Juden angesiedelt (Frankfurt-on-the-Hudson); die „Rassen"-Problematik war also auch in ganz anderer Form präsent.

machten, wessen Besuch unerwünscht war. Auch Klubs, die Juden zu meiden hatten, gab es noch."[156]

Große Feuer, weiße Kapuzenmäntel, Fackeln und Lynchmorde verbindet man mit dem KKK. In einem seiner besten Songs „Desolation Row" auf einem seiner besten Alben „Highway 61" benannte Bob Dylan Lynchmorde auch im Norden.

9.2.1 Dylan, Duluth und Hurricane

Bob Dylan, 1941 als Robert Zimmermann geboren assoziierte ein grausiges Ereignis in seiner Heimatstadt Duluth vom Juni 1920, das ihm sein Vater Abram erzählte.

Der achtjährige Abe wohnte nahe an der Mordstätte. Als Jude gehörte er zu einer sozialen Gruppe, der Verfolgungen vertraut waren. Ein weißer Junge (19) streunte mit seiner Freundin nachts hinter einem Zirkuszelt vorbei. Noch in der Nacht erzählte er seinen Arbeitskollegen, sechs schwarze Zirkusarbeiter hätten seine Freundin vergewaltigt und ermordet. Die Kumpel verständigten die Polizei. Die Cops verhafteten sechs der Zirkusleute. Ein Arzt untersuchte das Mädchen – das also noch lebte!: Es war gesund nach Hause gekommen –, ohne Anzeichen einer Gewalttat zu finden. Die Geschichte kursierte bereits in der Stadt[157]. Ein wütender Mob stürmte das Gefängnis. Die Polizisten waren instruiert, nicht zu schießen. So holten die Weißen die schwarzen Männer heraus, verurteilten in einem Scheingericht drei der Männer zu Tode und hängten sie unter dem Jubel der Masse auf. Bilder davon wurden, wie so oft, als Postkarten verkauft.

Diese Mörderbande schien gesellschaftlich akzeptiert zu sein. Zwei Mitglieder aus der Jury waren Einwanderer aus Sachsen.[158]

1975 erzählte Bob Dylan in dem von Jacques Levy mitgeschriebenen Lied „Hurricane" die Geschichte von Rubin „Hurricane" Carter. Der Mittelgewichtsboxers war 1966 wegen eines dreifachen Mordes zu lebenslanger Haft verurteilt worden. Dylans Lied führte zu einem Wiederaufnahmeverfahren, das mit einem erneuten Schuldspruch endete, obwohl zwei Zeugen ihre Aussage widerrufen hatten. Die Jury war natürlich weiß dominiert. Dylan ließ nicht locker und es kam zu einer dritten Verhandlung, bei der Carter 1985 freigesprochen wurde, mit der ausdrücklichen Begründung, dass die beiden vorhergehenden Verurteilungen einen rassistischen Hintergrund hatten. Carter, 1937 geboren, starb am 20.4.2014

---

[156] W. Brandt, Erinnerungen, S.400

[157] Die Lokalzeitung verfasste bereits einen Artikel über das (angebliche) Geschehen und veröffentlichte ihn auch.

[158] Diese Fakenews sind nicht belegbar!

in Toronto. Ach, ich vergaß zu erwähnen: Carter war ein Schwarzer, die drei Todesopfer waren Weiße.

9.2.2 KKK und NSU

Nach dem zweiten Weltkrieg agierte der KKK in Splittergruppen, die weiterhin Lynchmorde verübten oder Bürgerrechtskämpfer ermordeten. Das interne Netz der selbsternannten Knights nennt sich „Invisible Empire". Inspirierte dies George Lucas zur Erfindung der dunklen Seite der Macht? Mitte der 90er Jahre wurden in der Ex-DDR[159] Kreuze verbrannt. U. Böhnhardt und B. Zschäpe (NSU) wie auch R. Wohlleben (NPD) erhoben dabei die Hand zum Hitlergruß. Das Hakenkreuz mag KKK und Neonazis verbinden. Aus der Existenz solcher Organisationen zeigt, dass Gott, der Herr noch immer keine effektiven Maßnahmen gegen das Böse ergriffen hat.[160]

Das erinnert an eine Jesusgeschichte.[161] Jesus schickte Jünger in samaritanisches Dorf, um dort ein Quartier zu bekommen. Die Leute verweigerten ihm die Unterkunft trotz der legendären nahöstlichen Gastfreundschaft, weil er auf dem Weg nach Jerusalem war, also zur Hauptstadt des Erzfeindes der Samariter – heute identisch mit dem Thema „jüdisches Jerusalem – Palästinenser in Samaria". Die Jünger Jakobus und Johannes, Söhne des Zebedäus, wünschten sich von Jesus die Vollmacht, zu sagen, „dass Feuer vom Himmel falle und sie verzehre." Jesus sperrte sich gegen dieses gewaltsame Vorgehen: „Wisset ihr nicht, welches Geistes Kinder ihr seid? Des Menschen Sohn ist nicht gekommen, der Menschen Seelen zu verderben, sondern zu erhalten." …und sie gingen in ein anderes Dorf.

An Jesu eindeutiger Richtungsvorgabe orientierte sich Martin Luther King. Jesu gewaltfreie Methode war der andere Weg, ein anderes Dorf. Deswegen ist er wohl in den USA nicht mehr anzutreffen. Oder hängte man ihn im Bible-Belt in den 20ern an einem Baum auf? Die Bilder auf den Postkarten sind etwas unscharf. Man kann es zumindest nicht eindeutig ausschließen.

9.3 Malcolm X trifft „Uncle Tom"

King und Malcolm X trafen sich nur ein einziges Mal ganz kurz. Coretta King sprach länger mit dem radikalen Wortführer, den King als vielversprechende Führungspersönlichkeit beschrieb. Malcolm X warf King

---

[159] Diese gehörte zu Kennedys und Kings Zeit zum Reich des Bösen.
[160] Ernüchternd dazu: Schoßwald, Allmacht.
[161] Lk.9,51-57

vor, dass der gewaltfreie Widerstand ineffektiv bis systemstabilisierend sei.

Wie reagierte King auf diese Analyse?[162]
Er fühlte, dass die anderen niemals wirklich verstanden, was er sagte. Sie hörten nicht genau zu. Schließlich macht es einen großen Unterschied, ob man keinen Widerstand leistet oder einen gewaltfreien Widerstand. Offensichtlich für jeden sah King der herrschenden Ungerechtigkeit nicht tatenlos zu. Dennoch hielten Gegner seine Gewaltfreiheit für Untätigkeit.

King sah Malcolm X als ein Opfer, ein „victim of the despair". Die Verzweiflung verortete er darin, dass Malcolm X wie so viele andere „Negroes" das an der Würde nagende Gefühl von „nobody-ness" hatte. Die Gesellschaft, die weiße, herrschende Klasse vermittelte den schwarzen Zeitgenossen die Einschätzung, ein Nichts zu sein. King empfand für Malcolm Empathie. Dieser kluge Schwarze mit den rötlichen Haaren[163] hatte keine Chance, auf den Weg des Friedens zu kommen, weil die brutalen rassistischen Erfahrungen aus seiner Kindheit zu tief saßen, um übertüncht zu werden. Malcolm X, der Revolutionär in Kings Alter traf mit seinem Plädoyer für gewaltsamen Widerstand den Nerv vieler Schwarzer.

Malcolm X sprach über King das Urteil: „Onkel Tom!" „Uncle Tom"? Diese fiktive Figur aus Harriet Beecher Stowes Roman wird unterschiedlich bewertet. Die Geschichte erschien ab 1851f. als Fortsetzungsroman. Beecher Stowes schilderte Uncle Tom als einen dezidiert christlichen Mensch, gerade im Kontext der Sklaverei, in der auf der Seite der Weißen Befürworter und Gegner der Sklaverei als „Herren" über ihn abwechselten. Nach einer rassistisch motivierten Misshandlung verstarb der „nonviolent" Tom. Seine Hütte mahnte die Lebenden: *„Folgt alle im Gedächtnis an ihn seinem Beispiel: Seid ehrlich, treu und christlich, wie er es war, und gedenkt eurer Freiheit jedesmal, wenn ihr Onkel Toms Hütte seht!"*

Onkel Tom lässt sich gegensätzlich interpretieren. Mit seinem Namen erklingt das Stichwort „Liberty". Daran wäre King zu messen, wenn jemand ihn als „Uncle Tom" titulierte.

---

[162]Die Zitate des folgenden Abschnitts stammen aus der Autobiographie S.265-269
[163]Die rötlichen Haare machten den hellen Schwarzen zu einem doppelten Außenseiter. In Briefen während des nationalsozialistischen Krieges an seine Schwester beklagte mein Vater, dass seine roten Haare belacht wurden. Er konnte dies – natürlich – nicht verstehen. Dabei war sein Arierpass voll in Ordnung. Was stimmte also mit ihm nicht?

King erkannte in Malcolm Xs Geschichten die Nahrung, die diese Biographie mit Aggression, Gewaltbereitschaft und Hass speiste. „Ich-bin-ein-Nichts" sei das Übelste, was ein Mensch über sich erfahren könne, spürte der Seelsorger. Kings Gegenbotschaft lautete: „Ich bin dem Herrn etwas wert!". Er hatte diese Botschaft zunächst für sich erfahren und konnte sie dann weitergeben. In der Nachfolge Jesu sagte er sich: „Sieh bei aller Kritik an Malcolm X zunächst in seiner Tiefe die Person, die Gott liebt!"

Stabilisierte Kings gewaltfreier Widerstand das System?[164] King bestritt dies, denn es macht einen substantiellen Unterschied, ob man keinen Widerstand leistet oder einen gewaltfreien Widerstand.

Auf dem „Meredith Mississippi Freedom March" 1966 hörte King Töne, die ihn zu Recht sehr besorgt machten. James Meredith, demonstrierender Kämpfer für die Freiheit, war kurz zuvor erschossen worden. King und Männer seiner Crew setzten den begonnenen Marsch fort. Wieder einmal sangen die Demonstranten „We shall overcome." Plötzlich brach der Gesang ab. Eine gewittrige Stille entstand. „Black and white together" wollte den Demonstranten nicht über die Lippen kommen. Da stimmten einige eine neue Hymne an: „We shall overrun!" Jetzt war die Zeit reif! Man musste über die Weißen hinweg rennen wie über den geschlagenen Feind.

Der Bürgerrechtskombatant Stokely Carmichael stellte sich bei der nächtlichen Lagebesprechung gegen Kings These, es ginge nicht darum, Individuen zusammen zu bringen, sondern Gewissen. Stokely formulierte: „Wir brauchen die schwarze Kraft." Der Begriff „Black power" verselbständigte sich zu einer Bewegung, die in Kings Augen einen schwarzen gewaltbereiten Rassismus verkörperte.[165] King war sensibel und klug genug, die Ursachen zu erkennen, die dahinter standen. Erniedrigung lässt sich nicht endlos ertragen. Am Ende gibt man sich selbst auf oder greift man zur Gewalt. Ich meine im Hinblick auf die weißen Verbrecher: „Denn sie wussten, was sie taten..."

King erkannte klug wie traurig, dass die Vertreter der Black Power Bewegung in ihrem Verständnis von Power die Weißen nachahmten. Die Weißen betätigten sich als Massenmörder, killten kleine Kinder, lynchten harmlose Mitmenschen. Sollte das Ziel von Black Power sein, so böse zu werden wie die Weißen?[166]

---

[164] Die folgenden Zitate stammen aus "The Autobiography…" S.265-269
[165] Autobiography S.318ff.
[166] ebd. S.330f.

Mein Mitgefühl ist auf Seiten von Black Power, weil ich die Geschichte der Misshandlung in ihrer Dimension spüre. Mein Mitleid ist mit ihren verlorenen Seelen. Denn wenn sie auch nach dem Talions-Prinzip Recht haben, werden sie spüren, dass Verletzen und Töten auch Unheil in der eigenen Seele anrichtet. Die Urschuld der weißen Verbrecher hilft letztlich wenig.

Dieser Überblick konnte das Thema nur einigermaßen anreißen. Er sei ein Beitrag zu unserer neueren Auseinandersetzung im Umgang mit der Strategie des „non-violent movements". King würde mich auffordern, noch einmal seine eigentliche Motivation zu benennen, denn King wusste sich von Jesus auf diesen Weg geschickt, spätestens seit dem Januar 1956, als Jesus ihm verordnete: „Martin Luther, stand up for righteousness! Stand up for justice! Stand up for truth! And lo, I will be with you. Even until the end of the world!"[167]

10 King und die 60er

Mich verstört immer wieder, in welcher Zeit King lebte! Das war nicht meine Zeit! denke ich. Die Sklavenhaltergesellschaft gehörte ins ausgehende europäische Mittelalter.

Mittelalter! Die extremen „Frommen" der USA (inklusive der islamisch geprägten Staaten) partizipieren an Satelliten, die in den Weltraum geschossen wurden, verteufeln aber Darwin und Hubble und den Urknall mitsamt Evolutionstheorie.[168] Ronald Reagan baute seinen Wahlerfolg auf die fundamentalistischen „Christen"[169] und ließ sich vor Entscheidungen von einer Astrologin beraten. Donald Trump verzichtet borniert völlig auf Beratungen, demonstriert sich als beratungsresistent - was angesichts von Astrologinnen sogar positiv sein könnte, aber nicht angesichts rationaler Argumente. Meine muslimischen SchülerInnen nicht nur türkischer Provenienz insistieren auf Adam und Eva als unmittelbare Schöpfungen Gottes.

Es gibt Leute in den USA, die landeten auf dem Mond[170]. Aber sie blieben weiß wie der Mond. Sie kannten nur eine Angst: Die Russen wären schneller, wie beim ersten Satelliten, dem Sputnik und beim ersten

---

[167] ebd. S.77f.
[168] Die Existenz dieser fundamentalistischen Massen stellt natürlich die Evolutionstheorie mit ihrer Vorstellung der progressiven Höherentwicklung radikal in Frage.
[169] Die US-Fundamentalisten scheinen bedingungslos verliebt in Menschen, die sie erkennbar und haltlos belügen. Glaube und Lüge scheint in ihren Herzen eine Symbiose eingegangen zu sein.
[170] Ich erlebte, wie Edwin Aldrin, der „zweite Mensch auf dem Mond" in Feucht bei der Hermann-Oberth-Gesellschaft fasziniert von seinem „Mondspaziergang" plauderte.

Menschen im Weltall. Ansonsten praktizierten sie am 20. Juli 1969, was sie bereits seit Jahrhunderten machen: Sie steckten sich ihren Mond-Claim ab und hissten ihre Flagge. Damit waren die Besitzverhältnisse geklärt. Gerichtsort ist Washington, falls der Mann im Mond Ansprüche anmeldet...

Niederlage für die „Größte Nation aller Zeiten": Ein Russe ist zuerst im Weltraum!

In den fünfziger Jahren grölte Elvis Presley den Rock'n Roll, aber die echten schwarzen Rock'n Roller wurden segrediert. Die USA mit ihrem jugendlichen Feeling nach dem Zweiten Weltkrieg wählten John F. Kennedy, als wäre die Nation ein Baseballteam. Die Jugend starb mit J.F.K. am 22.11.63 und Marilyn Monroe heulte, weil ihr präsidentialer „Happy Birthday"-President verblich. Dylan näselte seine „Masters of war" und sein biblisch angehauchtes „Blowin in the wind"[171]. Chuck Berry versumpfte in US-Gefängnissen, aber die Beatles jubilierten seine „Rock ‚n Roll Music" in den US-Äther.

In Deutschland boomte die Bauwirtschaft sowie Pop und Rock, aber die Texte stotterten vor sich hin. Da brachen „Ihre Kinder" die Schranke durch deutsche Texte. An den Song „Pik As", „das ist die Todeskarte, wenn die der Wahrsager legt..." denke ich immer, wenn ich in meiner Gemeinde bei der Heilsarmee und den gestrandeten Existenzen vorbei komme. Ernst Schultz von „Ihre Kinder" wohnt bei uns in GoHo und bereichert die Kärwa meiner Dreieinigkeitskirche mit seiner „Wundertüte". Die Zeiten hängen noch lebendig zusammen, auch wenn sie sich ändern. Ernst Schultz, Rockmusiker in den GIs-Clubs nach dem Krieg, erzählte lebhaft von Gittern, die vor der Bühne aufgebaut wurden, damit

---

Aber er übersah die konkreten materiellen Nöte dieser Erde, als er für eine weitere Weltraummission plädierte, die „Billions of Dollars" kosten würde. –Neil Armstrong setzte als Erster einen Fuß auf den staubigen Trabantenboden. Wie wäre es gewesen, wenn man Luis Armstrong dafür auserkoren hätte? Ein Schwarzer auf dem weißen Teil des Mondes? Ihm blieb nur die „Dark Side of the Moon". „A small step for a black man, a great step for mankind...." Seine Möpse als erste Lebewesen auf dem Mond präsentierte Loriot: Ein Fake-News-Clip besonderer Art.

[171] Vgl. Kohelet im AT. Es ist wirklich literaturnobelpreiswürdig.

die tapferen Soldaten nicht auf die musizierenden „Nazis" losgingen. Er erlebte auch die brutalen Schlägereien mit rassistischem Hintergrund und das menschenverachtende „Off-Limits".[172]

Man weiß nicht, wer Anfang der 60er die weißen US-Amerikaner mehr schreckte: ihre aufmüpfigen Ex-Sklaven oder die allgegenwärtigen Russen, die 1957 den Satelliten Sputnik ins All geschossen und damit die USA fast letal verwundet hatten. John Glenn rettete 1962 mit seinem Weltraumflug die sensible nationale Ehre[173].

Im Jahr nach Kings Ermordung setzte am 20. Juli 1969[174] die Landekapsel „Eagle" auf dem Erdbegleiter auf und Mister Armstrong betrat das öde Gelände. Jubel![175]

Rakete aus der brauen Zeit Deutschlands

Der erste „Schwarze" auf dem Mond? Den gibt es noch nicht. Aber beim ersten „Schwarzen" im All waren die Russen den Amis wieder einmal voraus: 1980 vor 1983. Dabei verfügten die Amis über ausreichendes Menschenmaterial, wie man in militärischen Kreisen sagt. Affront der

---

[172] S.a. Sonny Henning, Rockmanns Erzählungen
[173] Natürlich betonen werden eifrige Germanen nicht müde, zu betonen,, dass die Deutschen bereits in den 40er Jahren einen bemannten Weltraumflug durchführten. Von Peenemünde startete eine Rakete. Leider brachte sie den arischen Helden nicht lebendig zurück. Aber erstens waren die Deutschen die ersten und zweitens schnappten sich die Amis nach dem Krieg den SS-Techniker Walter von Braun, der dann auch die US-Weltraummissionen erfolgreich betreute. Dass er technisch für die V2-Raketen, die London zerstörten, zuständig war, erschütterte das sensible weiße US-Gewissen nicht.
[174] also exakt 25 Jahre nach Stauffenbergs Attentat auf Hitler
[175] Unsere große Familie (7 Geschwister der Elterngeneration) traf sich beim einzigen Fernseher in der Metzgergasse. Wir Kinder fanden das schwarz-weiße Geflimmer eher langweilig, aber die Erwachsenen jubelten nach dem „a small step…" und stießen mit Sekt an. Sie hatten allerdings den Krieg und die Zerstörung ihrer Heimatstadt Schweinfurt in aller Härte miterlebt. Was für ein Kontrast! Einige Jahre später ging dann meine Cousine mit einem GI nach California.

Kommunisten: Dieser Schwarze stammte aus Kuba, also direkt vor der Nase der Amis – die immer noch in Kuba Guantanama besitzen, wo sie exterritorial ihre Gegner misshandeln können, ohne eigene oder globale Gesetze beachten zu müssen.

Steinzeit, Mittelalter, 60er-Jahre, 21. Jahrhundert, wer kann es mit mehr Nonchalance verbinden als die US-Amerikaner, die nicht einmal eine echte nationale Geschichte haben?

11 Patrioten, Kriege und Vietnam

King agierte 1965 schon eine Dekade führend in der Bürgerrechtsbewegung. Themen und Fragestellungen summierten sich. Die Quantität wuchs, bis sich in der öffentlichen Wahrnehmung auch die Qualität änderte. Zunächst erweiterte er die soziale Fragestellung auf die unterprivilegierten Weißen.

Mit der Zeit geriet der Vietnamkrieg in den Blick. Dieser Konflikt hatte sich parallel zu King's Engagement entwickelt und erreichte einen weiteren Eskalationspunkt durch den Kriegseintritt der USA. Die Zahl der Bombardierungen, der entsandten Soldaten und der Opfer explodierte seit Mitte der 60er.[176] Johnson hatte sich im Wahlkampf gegen Goldwater gegen einen Kriegseintritt stark gemacht, führte sein Land dann aber in einen seiner schlimmsten Kriege, nicht zuletzt, weil er militärstrategische und militärpsychologische Gedanken zugrunde legte, die spätestens an den Grenzen der USA obsolet waren.[177]

Auch King nahm die Dimension des Vietnamkrieges erst allmählich wahr. Dann aber wählte er einen eigenen Zugangsweg: Er stellte Beziehungen der betroffenen Personen „Soldaten, Eltern, Geschwister, Partner" zu dem immer schwerer zu begründenden Krieg dar. Die Verteidigung der Demokratie gegen die Diktatur des Kommunismus konnte nicht die Berechtigung dieses Krieges sein, wenn sich der südvietnamesische Regierungschef Nguyen Cao Ky (*1930) auf Hitler berief. Der Kampf der Menschlichkeit gegen die Unmenschlichkeit konnte es nicht sein, wenn Napalmbomben gegen Zivilisten eingesetzt wurden.

---

[176] Es gibt unendlich viele Antikriegslieder jener Zeit. Eine beeindruckend Collage kompilierten Simon & Garfunkel, als sie „Stille Nacht" (7 o'clock news / silent night) schlicht interpretierten, im Hintergrund aber Nachrichten laufen ließen, die etwa den Krieg in Vietnam oder Martin Luther Kings Marsch in die Slums von Chicago thematisierten.

[177] Diesen typischen US-Fehler machte später auch Präsident Bush im Irakkrieg, als er unterstellte, der Friede wäre hergestellt, wenn jeder Iraker seinen Big-Mac essen könne.

Es entlarvt die kollektive psychische Struktur der US-Amerikaner, dass sie sich „rassen"-übergreifend zum Widerstand gegen King formierten. Als gute „Patrioten" distanzierten sich Schwarze von ihm, zum anderen wurde er für die Regierung suspekt. Diese kollektive psychopathologische Seite der US-Amerikaner setzt sich bis heute fort und offenkundig nehmen alle karrierebewussten Politiker darauf Rücksicht, wenn sie nicht selbst unter dieser Krankheit leiden.

Vietnam: Auch ein Thema auf der anderen Seite des Eisernen Vorhangs – hier auf Briefmarken

Beim Thema „Krieg" sind die USA nicht mehr rational ansprechbar. In einer Nation, in der der Waffenbesitz für private Personen zu den Grundrechten gehört, darf Krieg nicht hinterfragt werden. Sobald er irgendwo auf der Erde in einen Schusswechsel verstrickt ist, ist der US-Amerikaner im Recht, im eigenen Land der weiße US-Amerikaner gegen den Schwarzen, bei Weißen untereinander wird es schwieriger.

Im unserem Jahrzehnt spielte tödliche Gewalt von Polizisten gegen Farbige eine zunehmende Rolle. So gab es den folgenden Fall, der mit Kings Ermordungstag zusammenfiel:

„The shooting of Walter Scott occurred on April 4, 2015, in North Charleston, South Carolina, following a daytime traffic stop for a non-functioning brake light. Scott, an unarmed black man, was fatally shot by Michael Slager, a white North Charleston police officer. Slager was charged with murder after a video surfaced which showed him shooting Scott from behind while Scott was fleeing, and which contradicted his police report. The race difference led many to believe that the shooting was racially motivated, generating a widespread controversy."[178]

---

[178] Im US-Wikipedia-Artikel zu Walter Scott.

Erst das Video entlarvte den Rassisten. Zuvor verstand die weiße Nation den hart durchgreifenden Polizisten, denn die Schwarzen in den USA sind kriminell.[179] Wenn ein unbewaffneter Mann von hinten erschossen wird, ist das Mord. US-typisch wurde die Mordanklage fallen gelassen. Das weltweite öffentliche Interesse führte zu einem Schuldspruch von 20 Jahren. Viele vermuten, dass bei einer anderen Hauptfarbe die Todesstrafe ausgesprochen worden wäre.[180]

Dass ein Polizist legal eine Waffe tragen darf ist weltweit unumstritten[181]. Amok laufen aber meist Zivilisten, die problemlos eine Waffe erwerben dürfen.

Ich bin schon am Überarbeiten des fertigen Manuskriptes, als eine Eilmeldung aus den USA durch den virtuellen Äther schwirrt:

Schüsse in Florida 17 Tote an US-Highschool

14. Februar 2018, Valentinstag: Ein 19-Jähriger schießt an einer High School in Parkland Florida mit einer halbautomatischen Waffe des Typs AR-15 um sich. 17 Menschen sterben. Der Mann war wegen Disziplinlosigkeit von derSchule geflogen, durfte aber vorher auch nur ohne Rucksack das Gelände betreten. Er hatte einen Feueralarm ausgelöst und dann auf die Flüchtenden geschossen. Diese Waffe hat in den USA Tradition bei Massakern, etwa im Jahr zuvor in Las Vegas mit 59 Toten.

Allein den ersten sechs Wochen von 2018 ereigneten sich in den USA nach Darstellung des demokratischen Senators Chris Murphys bereits 19 Vorkommnisse mit Schusswaffen an Schulen. Er nannte es eine "Epidemie von Massentötungen": "Das passiert nicht durch Zufall, nicht durch Unglück, sondern als Konsequenz aus unserer Untätigkeit", Donald Trump ließ sicherheitshalber die bevorstehende Pressekonferenz ausfallen.[182]

---

[179] Diese Verallgemeinerung bräuchte man nicht zu kommentieren. Das stimmt natürlich nicht. Aber bei dem Rest, für es doch zutrifft, erhebt sich die Frage: „Warum wohl?" Jeder Mensch, der diese Welt kennt und über ein selbständig funktionierendes Gehirn verfügt, vermutet: Wenn es mehr schwarze als weiße Kriminelle im Sinne von Gesetzesverstößen gibt, dann liegt dies wohl an den frustrierenden Lebensumständen und den mangelnden Perspektiven.

[180] In South-Carolina gibt es noch die Todesstrafe (per elektrischem Stuhl oder per Giftspritze). Leider fehlen die zugelassenen Gifte oder ihr Haltbarkeitsdatum ist abgelaufen (kein Witz!).

[181] Auch wenn die Bobbys in England sich auf Schlagstöcke beschränken.

[182] Nachtrag: Inzwischen schlug er im direkten Gespräch mit den Hinterbliebenen ernst-

Nach der ersten Auflage erschien am 15.3.18 folgender Artikel über die Folgen des Anschlags: Gewaltfreier Widerstand gegen die US-Waffenlobby und ihren Protegisten Trump.

Emotionaler Protest gegen Waffengewalt

Nach dem Massaker an einer Schule in Florida gehen die Proteste weiter — Eine Minute Stille für jedes Opfer

VON MARINA WUDY UND MAREN HENNEMUTH (beide dpa)

Einen Monat ist es her, dass ein 19-Jähriger an einer Schule in Florida 17 Menschen tötete. Die Schüler wollen sich auch weiterhin nicht mundtot machen lassen und demonstrieren – auch vor dem Weißen Haus.

WASHINGTON – Sie sind laut, sie sind wütend, sie wollen Veränderung: Einen Monat nach dem Massaker an einer Schule in Florida haben Kinder und Jugendliche in den USA landesweit für eine Verschärfung des Waffenrechts demonstriert und der 17 Todesopfer des Blutbades gedacht. In zahlreichen Schulen im ganzen Land war um 10 Uhr Ostküstenzeit (15 Uhr MEZ) der Unterricht 17 Minuten lang still. Jede Minute war einem der Opfer gewidmet. Schüler und Lehrer verließen die Klassenräume und versammelten sich im Freien. In mehreren Städten gab es zudem größere Protestaktionen, darunter in New York. Vor dem Weißen Haus in Washington versammelten sich Tausende Kinder und Jugendliche. Auf dem Platz, auf dem sich sonst Touristen und Schaulustige tummeln, protestierten sie 17 Minuten lang im Sitzen.

„Wir haben etwas verändert"

Der Regierungszentrale wandten sie demonstrativ den Rücken zu. Still und mit ernsten Gesichtern gedachten sie der Opfer von Parkland und ließen ihre Schilder für sich sprechen: „Greift nach den Sternen, anstatt auf Kinder zu schießen", stand auf einem, „Unser Blut (klebt) an euren Händen" auf vielen anderen. Mit vielen Plakaten und Sprechchören wandten sich die Demonstranten direkt an die mächtige Waffenlobby NRA.

Auch Olivia Yansaneh (18), Nandita Kohli (17) und Aradhana Prabhala (17) hatten sich am Morgen auf den Weg zum Weißen Haus gemacht. Noch in der überfüllten U-Bahn malten sie ihr Plakat fertig. „Gebete können unsere Toten nicht wieder zurückbringen", stand darauf. Die drei Jugendlichen sind der Meinung, dass die Proteste durchaus etwas erreichen können. „Wir haben doch bereits etwas verändert" sagte Nandita. „Große Sportgeschäfte haben das Mindestalter für Waffenkäufe geändert, und die Delta Airline hat der NRA ihre Unterstützung entzogen."

7000 herrenlose Schuhe für 7000 Kinder – sie erinnern an die Opfer von Waffengewalt in den USA. Foto: Saul Loeb/afp

Wir haben bereits seit einem Monat das ungebrochene Interesse der Medien, das ist auch sehr wichtig." Aradhna fügte hinzu „Wir lassen uns nicht den Mund verbieten. Wir sind eine ernstzunehmende Kraft."

Im Anschluss an die Gedenkaktion vor dem Weißen Haus zogen die Jugendlichen vor den Kongress, um dort zu protestieren. Die Aktion fand auf den Tag genau einen Monat nach dem Massaker an der Marjory Stoneman Douglas High School statt. Dort hatte der 19 Jahre alte Ex-Schüler Nikolas Cruz 14 Jugendliche und drei Erwachsene erschossen.

Nach der Tat formierte sich in den USA eine lautstarke Protestbewegung. Mehrere engagierte Überlebende aus Florida erhoben dabei in den Medien mit diversen Aktionen ihre Stimme, um härtere Waffengesetze und ein Umdenken der Politiker zu fordern. Und der Protest soll weitergehen: Die betroffenen Schüler aus Florida planen für den 24. März einen „Marsch für unser Leben" in Washington. Dazu werden Hunderttausende Teilnehmer erwartet. Auch für den 20. April, den Jahrestag des Amoklaufs an der Columbine High School, sind Proteste geplant. Ihre Mitschüler sollen nicht vergessen werden.

Das Bild betont die Effizienz von symbolträchtigen Aktionen: Schuhe stehen für Opfer…

Der Waffenbesitz gilt als Menschenrecht in den USA. Kein Massaker kann diese Ideologie effektiv in Frage stellen. Das erlebte King noch nicht so krass wie wir heute, aber wir erleben den legalen, leichten Waffenbesitz nicht so krass wie King am 4.4.68.

Durch seinen Protest gegen den Vietnamkrieg schien King sich ins Aus zu schießen. Wer in Kriegszeiten gegen die eigene Regierung steht, outet sich als Vaterlandsverräter. Unpatriotisch! geifern die Faschisten aller Länder.

---

haft vor, ausgewählte Lehrkräfte zu bewaffnen… Gibt es eigentlich eine Rassenstatistik bei Amokläufern? Ich fand keine.

In der BRD sind wir seit den 60er Jahren ein deutliches Stück weiter. So leicht wird man nicht mehr zum Vaterlandsverräter wie zu Zeiten von Adenauer und Strauß. Es ist eine CDU-Kanzlerin aus der Ex-DDR, die mit allen Mitteln versucht, internationale Eskalationen zu verhindern, wenn Deutschland irgendwie involviert ist.[183] Aber in den USA war klar: Wenn King gegen den Vietnamkrieg predigt, ist er ein Kommunist und damit ein Schwerverbrecher. Die Zustimmung zu ihm kippte auch unter den Schwarzen.

Auf der anderen Seite, auf der Seite der Kriegsbefürworter, gab es natürlich auch „Geistliche". Daran wurde ich heute erinnert, als ich die Todesnachricht von Billy Graham[184] las. Dass der überhaupt noch lebte! Im November wäre er hundert Jahre alt geworden. Dafür segnete er hunderte, ja tausende von jungen Leuten in den Tod hinein. Er segnete ihr Töten und ihr Getötet werden.

Natürlich war er gegen Abtreibung, da er gegen das Töten menschlichen Lebens war. Deshalb befürwortete er schließlich den Vietnamkrieg: „Irgendwo und irgendwann muss man eine Grenze ziehen, bis zu der der kommunistische Aggressor gehen kann und keinen Schritt weiter. Wo soll man diese Grenze ziehen? Soll man sie in Thailand und Südvietnam ziehen, oder soll man weichen und sie bei den Philippinen ziehen, oder soll man weichen und sie bei Hawaii ziehen, oder soll man weichen und sie an der Westküste Kaliforniens ziehen, oder soll man weichen und sie an der Westgrenze von Texas ziehen oder soll man noch weiter weichen und diese Grenze am Mississippi ziehen? Wo steht ihr? An einem bestimmten Ort und zu einer bestimmten Zeit muss Amerika standhaft bleiben."[185]

---

[183] Immerhin stellte sich G.Schröder als Bundeskanzler gegen den Irak-Krieg von G.W.Bush und wurde dafür jenseits der Achse des Bösen geschoben, während Frau Merkel nach Washington flog und sich Bush anbiederte. Ich konnte das nur ihrer DDR-Vergangenheit zuschreiben, nach dem alles, was mit den USA zu tun hat, prinzipiell gut ist. Seit Trump Regierungschefs zur Seite boxt, wird sich ihre Sicht relativiert haben.

[184] 7.11.1918-21.2.2018. Immerhin kapitulierte vier Tage nach seiner Geburt das deutsche Reich und beendete damit den ersten Weltkrieg.

[185] zitiert nach Wikipedia. Ein CDU - Verteidigungsminister erklärte einmal, man müsse auch die deutschen Interessen am Hindukusch verteidigen. Wo liegen wohl die Interessengrenzen der USA? Nachdem die US-Amerikaner die ersten und bisher einzigen Atombomben auf zwei Städte geworfen hatten, zeigten sie als erste dem Universum ihre feindliche Gesinnung und bombardierten anlässlich ihres Unabhängigkeitstages 2002 einen fremden Himmelskörper, vermutlich, weil es dort keine demokratische Regierung gab. Jetzt gibt es dort wenigstens Demo-Krater. Das machten die Republikaner am Independence Day. Enthält die US-Flagge nun einen Stern mehr – mit einem Löchlein drin?

Graham warnte typisch evangelikal vor dem Antichristen. Dabei hätte er doch nur in den Spiegel schauen müssen… Möge er seinen zahlreichen lieben Freunden begegnen, wenn er nun in der Hölle ankommt. Vielleicht begegnet er dort sogar Schwulen, aber bestimmt nicht, weil diese schwul waren.

Kritisch kommentierte dieses In-den-Tod-Predigen beispielsweise Eric Burdon mit den Animals in „Sky Pilot": "He blesses the boys as they stand in line. The smell of gun grease and the bayonets they shine. He's there to help them all that he can to make them feel wanted He's a good holy man." Der Song erschien im Januar 68 in Great Britain und im Mai in den USA. Dazwischen lag die Ermordung Kings.

Die Animals scheinen Graham mit seinen Aufrufen an die Soldaten in Vietnam zu zitieren: „You're soldiers of God you must understand The fate of your country is in your young hands…" Country und God werden hier wie so oft in eins gesetzt. Aber mancher kennt Zitate von Gott und so erinnert sich ein junger Kampfflieger nach den tödlichen Flügen an das biblische Gebot "Thou shalt not kill". In der Tat sind mit diesem Gebot die Militärs noch nie klar gekommen. Meist wurden die Menschen verunglimpft, die dieses Gebot auch auf Kriege bezogen. Oft genug mussten sie dafür mit dem Leben bezahlen, denn auf Kriegsdienstverweigerung steht regelmäßig der Tod. In ihrem Song „Sky Pilot" spielen die Animals dann auch Kriegsgeräusche ein und sogar Bag-Pipes, die an die klassischen Kriege in England und Umgebung erinnern. Ein Jahr später ließ Jimi Hendrix in Woodstock seine Gitarre jaulen und produzierte ein „Star-spangled-banner" mit Kriegsflugzeuggeräuschen.

11.1 Kontrapunkt: Der Friedensnobelpreis

Die Anfeindung Kings wegen seiner Kritik am Vietnam-Krieg kontrastierte die Verleihung des Friedensnobelpreises 1964. Im September lud der Regierende Bürgermeister von Berlin, Willy Brandt[186] King nach West-Berlin ein. Von dort aus reiste der Regimekritiker „sogar" nach Ost-Berlin ein. Pikanterweise hatte ihm die US-Regierung, um dies zu

---

[186] 1971 erhielt Brandt den Friedensnobelpreis für seine Ostpolitik. Auch da schäumten die üblichen Verdächtigen und Ewig-Gestrigen.

verhindern, den Pass eingezogen. Die DDR-Behörden ließen ihn mit seiner American-Express-Card[187] einreisen.[188]

Ein Volkspolizist am Brandenburger Tor, die Marienkirche und der DDR-Herrscher Walter Ulbricht

Was King in der Marienkirche predigte, gefiel der DDR-Regierung allerdings genauso wenig wie der positive Zuspruch ihrer Bevölkerung auf den Bürgerrechtler.

In der roten Kirche am Alexanderplatz versammelten sich Christen aller Denominationen, auch Baptisten. Sie erwarteten den „Star aus dem Westen" und erlebten: Wir sind nicht allein, denn diese Kirche ist überfüllt. Dass King die Gemeinde von Christen aus den USA grüßt, bedeutete diesen mehr, als er ahnen konnte. Dass er das Wort „Freiheit" so dezidiert brachte, machte den Christen hinter dem Eisernen Vorhang besonders Mut – wobei sie auch den Prediger für mutig hielten, weil er es sagte. In Ost-Presse zensierte seine Botschaft, indem sie vor allem die Kritik an den USA hervorhob.

Der große Zuspruch bei diesem Gottesdienst ließ erkennen, dass die Flüsterpost funktionierte. Der Mauerbau war erste drei Jahre her.

Aus jener Zeit, als das Licht der Hoffnung kurz hinter dem Eisernen Vorhang aufleuchtete, wurde eine Geschichte kolportiert, die in den achtziger Jahren die DDR-Friedensbewegung begleitet.

Es wird erzählt, Martin Luther King hätte zu Kindern gesprochen, die auch gegen das Unrecht demonstrieren wollten: „Wenn ihr ins Gefängnis kommt, und damit müsst ihr rechnen, müsst ihr alles abgeben, was ihr in der Hosentasche habt. Nur eure Zahnbürste – die dürft ihr behalten…"[189]

---

[187] …zahle mit deinem guten Namen… warb „American Card", aber er zahlte mit seinem Leben für seine Überzeugung.

[188] Dietrich beschreibt in „Martin Luther King" DTB S.36, dass es am 13.September ein halbstündiges Feuergefecht an der innerdeutschen Grenze gab, als der 21-jährige Michael Meyer fliehen wollte – was ihm mit Verletzungen gelang.

[189] Die Geschichte kolportierte u.a. der DDR-Bürgerrechtler Georg Meusel, (*1942) späterer Mitbegründer des Martin-Luther-King-Zentrums in Werdau (Zwickau, bekannt in

Georg Meusel, der dies überlieferte, hatte später Einsicht in seine Stasiakte. Dort steht von 1977, dass „der Verdächtige bestrebt ist, die für die kapitalistischen Verhältnisse entwickelte Kampfesform des gewaltlosen Widerstandes auf die sozialistischen Verhältnisse in der DDR zu übertragen und eine Bürgerrechtsbewegung ins Leben zu rufen". Schon immer hatte die revolutionäre DDR Angst vor den Revolutionären gegen ihre Diktatur – so, wie die Machtelite der demokratischen BRD Angst hatte vor Demokraten mit anderen gesellschaftlichen Ansichten.

Auch bei uns war seit Ende der 60er Jahre im aufbegehrenden Teil der jüngeren Generation jener Satz geläufig: „Wenn du aus dem Haus gehst – vergiss deine Zahnbürste nicht." Denn die Feinde von Freiheit und Gleichheit waren auch im Westen an der Macht – und sind immer noch im Machtapparat anzutreffen.

Einen Monat nach der Stippvisite in der geteilten Stadt verkündete Oslo King als Träger des Friedensnobelpreises. Der Preis stammt aus einem neutralen Land[190]. Auf die nationalen Empfindlichkeiten der Regierungen nimmt das Komitee in Oslo keine Rücksichten.

Kein Wunder, dass Edgar Hoover (weiß), Chef des (weißen) FBI[191] mit akustischem Schaum vor dem Mund King als „Kommunistenfreund und schlimmsten Lügner im ganzen Land" bezeichnete. Genau solche Äußerungen führten dazu, dass die USA oft genug als Heimat der Heuchelei (Hypocrisy) verachtet werden. Eben diese Doppelmoral beschert den USA so viele Feinde auf dem ganzen Globus, ohne dass diese Feinde selbst ohne Heuchelei wären. Doch weder Hoover noch der Rest der weißen „Elite" konnten verhindern, dass King am 10.12.64 den Friedensnobelpreis in Oslo entgegennahm[192].

John Lennon produzierte 1968 mit den Beatles seine „Revolution".[193] Damit reagierte Lennon auch auf die Ermordung Martin Luther Kings.

Luthers Zeit durch die sog. Propheten, die in sozialer wie spiritueller Hinsicht King näher waren als der bekannte Reformator) (s. Schoßwald, Rebellen der Reformation).
190 Als Norwegen einen ganz schlimmen faschistischen Terrorakt erleben musste, formierte sich die Bevölkerung nicht schießwütig, sondern demonstrierte: Wir lassen uns unsere Offenheit und Toleranz nicht von Rechtsradikalen wegschießen.
[191] Nach US-Lesart ist dies das Büro der Intelligenz. Da kann es mit der US-Intelligenz nicht besonders gut bestellt sein.
[192] Das Deutsche Reich konnte seinerzeit verhindern, dass Carl von Ossietzky den Preis entgegen nehmen konnte. Der spätere Bundeskanzler Willy Brandt hatte in Skandinavien eine letztlich erfolgreiche Kampagne gestartet, dass Ossietzky 1936 der Nobelpreis für 1935 zugesprochen wurde, woraufhin Ossietzky die deutsche Staatsbürgerschaft aberkannt wurde und Hitler ein Verbot für alle Reichsdeutschen ausspruch, einen Nobelpreis anzunehmen.
[193] s.o. beim „Mann-Act"

Es war ein Jahr des Aufbrodelns, weshalb man bis heute von den „Alt-68ern" als Revoluzzern spricht. Aber es brodelte in verschiedene Richtungen. Die brutale Kriegsführung in Vietnam durch die USA brachte junge Leute auf die Seite Nordvietnams, des Vietkong. Der knallharte Wirtschaftsliberalismus mit seinem Brachialkapitalismus machte junge Menschen zu Anhängern des Kommunismus.

Lennon mit 27 1967 – Marx mit 150 1968

Die junge Avantgarde trug gerne eine Mao-Bibel mit sich. Lennon, immer wieder um Unterstützung dieser oder jener Aktion angegangen, intonierte: „If you want money for people with minds, that hate, brother, I tell you, you got to wait…" Er bekannte sich zum gewaltfreien Widerstand, wie bei seinem „Give peace a chance", seinem „Bed-In" und der Hymne „Imagine", die dazu aufruft, die Phantasie spielen zu lassen für eine friedliche Welt.

Spätfolge: Die bisher kommerziell erfolgreichste Band des 21. Jahrhunderts lässt in ihrem erfolgreichen Song „Wisdom, Justice and Love"[194] Martin Luther King selbst durch ein Tondokument zu Wort kommen:

"I come to this magnificent house of worship tonight because my conscience leaves me no other choice… A true revolution of values will lay hand on the world order and say of war, 'This way of settling differences is not just.' This business of burning human beings with napalm, of filling our nation's homes with orphans and widows, Of injecting poisonous drugs of hate into the veins of peoples normally humane, Of sending men

---

[194] Linkin Park, „A thousand suns", 2010. Der Titel bezieht sich auf eine Aussage des Kernphysikers Robert Oppenheimers über die Atombombe, die eine Strahlung von 1000 Sonnen hätte. Oppenheimer gilt als „Vater der Atombombe", der nach ihrem Einsatz jedoch die militärische Nutzung von Kernkraft verurteilte.

home from dark and bloody battlefields physically handicapped and psychologically deranged, Cannot be reconciled with wisdom, justice, and love...".

Die Jugend des beginnenden 21. Jahrhunderts hörte mit Linkin Park[195] wieder auf Martin Luther King.

Die Weltmacht hält inne und feiert Martin Luther King 2013

Bei aller pauschalen Kritik an den USA darf nicht unterschlagen werden, dass es auch in den USA starke und breite Strömungen gibt, die substanzieller sind. Dazu gehören Persönlichkeiten aus dem Show-Busines.. Die Präsidentschaft von Trump darf nicht vergessen lassen, dass Obama gewählt und wiedergewählt wurde. Pauschalierung, in diesem Buch ein Mittel zur Prägnanz, wird der Vielschichtigkeit unserer Welt nicht gerecht.

Seine „Wisdom, Justice and Love" - Rede[196] hielt Martin Luther King exakt ein Jahr vor seinem Tod in der New Yorker Riverside-Church, zehn Autominuten von der Stelle, an der Malcolm X 1965 ermordet wurde. King brachte den Konflikt auf individuelle und familiäre Punkte. Er sprach den Opfern aus dem Herzen, aber er bekam eine massive Gegenwehr zu spüren. Seine Ermordung scheint weniger auf den Rassenkonflikt als vielmehr sein Statement gegen den Vietnamkrieg zurückführbar. Rassismus und Nationalismus schließen sich nicht aus, auch wenn es schwer nachvollziehbar ist, dass ein unterdrückter Schwarzer zugleich Nationalist des weißen Staates ist. Kings weißer Mörder war ein Ex-Soldat und unterstützte als Rassist aktiv die Wahlkampagne von Wallace.

King zitierte überzeugend, wenn man die Ohren öffnete, um zu hören „Selig sind, die Frieden stiften"... und „wer zum Schwert greift, wird

---

[195] Ihren ursprünglichen Namen Lincoln Park änderten sie, um nicht verwechselt zu werden.
[196] Heute „Beyond Vietnam". Autobiography S.337

durchs Schwert umkommen" als wohlvertraute Worte Jesu seinen Landsleuten. Aber sie gehorchten lieber ihren niederen Instinkten als dem Wort des Herrn, den freilich seinerzeit Soldaten töteten, nachdem ein diplomatisierender Politiker namens Pilatus sie ihnen ausgeliefert hatte. Meine Erfahrungen mit meinen Landsleuten wie auch Menschen mit Migrationshintergrund lehren mich: Anderswo wäre es Jesus auch nicht besser gegangen. Oder doch? In der BRD könnte es genug verankerte Moral geben, dass ein solcher Mann nicht zugrunde geht. Das muss nicht so bleiben, aber wir können für eine gewisse Konstanz sorgen, ermutigt durch Christen wie Martin Luther King. Der Geist Jesu müsste noch die nötige Autorität beisteuern.

Kings kritische Sicht auf den Vietnamkrieg entwickelte eine erstaunliche Dynamik. Blinder Patriotismus kennzeichnet „die Amis". Dumm und dumpf geriert sich die sichtbare und hörbare Mehrheit (?) der US-Amerikaner, wie ihren Politikern derart bewusst ist, dass sie sich immer für Patriotismus erklären, auch wenn dieser hirnverbrannt ist. Selbst King tappte lange in diese Falle. Wer seine Heimat liebt, darf nie ein *„Patridiot"* sein; denn so schadet er auf lange Sicht seinem Volk, das immer tiefer in die Dunkelheit tappt.

Mit „America first" suchen die US-Amerikaner den direkten Zugang zur Hölle. Als des Teufels eifrigste Spielgefährten sind sie vermutlich dann auch noch dessen Opfer. Mit solchen Opfern braucht niemand Mitleid zu haben. Sie hatten genügend Mittel, das Richtige zu erkennen - durch die Medien oder die auch in den USA bekannte Liebesbotschaft von Jesus. Bei Chinesen, Arabern und Russen müssen wir aufgrund begrenzterer Informationsmöglichkeit vorsichtiger urteilen.

11.2 Der Tod

Am 4. April 1968 um 18.01 Uhr US-amerikanischer Ortszeit standen die Uhren der Weltgeschichte einen Augenblick still – Martin Luther King war tot. Er wurde in Memphis/Tennessee auf dem Balkon seines Hotels erschossen. So beschrieb es der DDR-Menschenrechtler Georg Meusel. Dass die Uhren stillstanden, ist eine starke Metapher. Wir können jedoch auch hinein interpretieren, dass hier in diesem Tod Himmel und Erde verbunden war wie durch einen Blitz. Es wird etwas hell. Für kurze Zeit sichtbar. Dann kommen wieder die Dunkelheit und der lange Donner. Aber was wir im Blitz gesehen haben, bleibt im Gedächtnis hell.

Meine Tagebuchbemerkung am 50. Todestag von Martin Luther King: Wir leben in einer Welt, in der es um nachvollziehbare Wissenschaft und den Verzicht auf religiöse Märchen geht. Doch gerade da darf die Gegenwartserfahrung Gottes nicht fehlen. Diese ist kein physikalisches Phänomen und darf auch nicht in diese Welt hinein interpretiert werden. Ich erlebe als einen, der den direkten Kontakt zu Gott und ganz spezifisch zu Jesus bezeugt, Martin Luther King.

Natürlich geht es bei der gegenwärtigen Erfahrung Jesu auch um das Thema „Auferstehung" und damit ein offenbar biologisches und medizinisches Phänomen. Naturwissenschaft hat mit Nachvollziehbarkeit und am besten Wiederholbarkeit zu tun. Natürlich kann man den Urknall nicht experimentell wiederholen, es sei denn, man hieße Dan Brown. Aber das ist kein Argument dafür, dass alles, was man nicht wiederholen kann dadurch evident ist.

Wenn Jesus direkt zu Martin Luther King spricht, wäre es ein Fehler, hier in naturwissenschaftliche Diskussionen einzusteigen. Zumindest von Seiten der Religion bietet es sich nicht an. Wenn Naturwissenschaftler Anfragen haben, werden wir angemessen dazu Stellung beziehen. Angemessen heißt: nicht billig zu behaupten, bei Gott sei alles möglich. Bei Gott ist insofern alles möglich, als dass jeder Idiot behaupten kann, er wisse, was Gott will und was Gott tut und die Realität sei kein Maßstab, an dem sich irgendetwas falsifizieren lasse. Gott ist übel dran, weil jeder Trottel über ihn reden kann. Im Zweifelsfall ist Gott höher als unsere Vernunft und rechtfertigt damit jeden Schwachsinn, der ja auch nicht innerhalb unserer Vernunft ist, also damit göttlich ist. Kling das überzeugend: Schwachsinn ist per se göttlich? Wenn man religiöse Menschen inbrünstig reden hört, könnte man darauf kommen.

Lawrence Krauss schrieb sein „A Universe from Nothing" in den Vereinigten Staaten von Nordamerika, die ideologisch von wissenschaftsfeindlichen Fundamentalisten geprägt sind. So argumentiert er gegen christliche Vorstellungen genauso platt, wie er sein Gegenüber erlebt. In Europa und besonders in Deutschland hätte er es da schwerer, weil hier die Beziehung von Glaube und Wissenschaft schon in den 50ern intensivst bedacht wurde und nachhaltig von Heinz Zahrnt der Satz verbreitet wurde: „Ich will als Christ meinen Verstand nicht an der Garderobe abgeben."

Es ist für Gott echt peinlich, wenn er vor allem mit Menschen in Verbindung gebracht wird, die nachweisbaren Erkenntnissen aus sog. Glaubensgründen widersprechen.

Die Erfahrung mit Gott, ja, mit Jesus wird gemacht. Das lässt sich nicht leugnen. Freilich lassen sich verschiedene Erklärungen dafür finden, auch nicht-religiöse. Es hilft allerdings nicht weiter, wenn eine Gotteserfahrung rein immanent erklärt wird, denn dann entspricht sie nicht mehr der Wahrnehmung des Erfahrenden.

Dazu wähle ich einen Satz Martin Luther Kings, der Gott auf realistische Weise relativiert. Trotz seiner direkten Zwiesprache mit seinem Herrn Jesus mahnte er an: „Kein Problem wird gelöst, wenn wir träge darauf warten, dass Gott sich alleine darum kümmert."

Heute vor 50 Jahren wurde Martin Luther King erschossen. Es war ein Märtyrertod und das hat seine eigene Dynamik. Es lässt sich nichts mehr revidieren. Er kann sich auch nicht mehr in Widersprüchen verheddern. Er kann nicht mehr seinen Idealen untreu werden – dass können ihm nur andere unterstellen. Und bei allen Vorwürfen, die ihm gemacht werden angesichts seiner Gewaltlosigkeit, die auch als Schwäche oder Nichts-Tun interpretierte wurde, spricht sein Tod eine deutliche Sprache: Erstens hat er alles riskiert, zum anderen wirkte er offenbar bedrohlich genug, um mit Gewalt angegriffen zu werden

Er hat alles riskiert. Das relativierte er zwar gerade am Tag vor seinem Tod, weil er angeblich ins gelobte Land gesehen hätte, aber aus menschlicher Sicht war es wirklich so: Alles riskiert, alles verloren. Gewonnen hat die moralische Kraft seiner Argumente, die logische wurde freilich angeknackt: Die Gewalt gegen ihn war erfolgreich.

Hinter allem aber stand – und das hob er gerade in kritischen Situationen wie der Argumentation gegen den Vietnamkrieg pointiert hervor – die Begegnung mit Jesus, das Gespräch mit ihm, der Auftrag von ihm.

11.3 Facetten des Jahres 1968

Es war noch im selben Jahr 1968, als auf der Frankfurter Buchmesse Léopold Senghor (*1906) den renommierten „Friedenspreis des deutschen Buchhandels" erhielt. Es wäre für King eine Genugtuung gewesen, dass hier ein schwarzer Kämpfer für Freiheit und Gleichheit ausgezeichnet wurde. Senghor, gebürtiger Senegalese, hatte nach dem Abitur in Frankreich die Bewegung „Négritude" mitbegründet. Den französischen Staatsbürger nahmen im Krieg die Nazis gefangen. Da er ein „Neger" war, drohte dem Offizier 1940 die Erschießung. Er überlebte und konnte 1960 er erste Präsident des nun unabhängigen Senegal werden. Ich erlebte 1968 auf der Buchmesse heftige Proteste von linken Aktivisten gegen Senghor, weil er zu sehr mit dem Kolonialismus paktiere. Mich hingegen überzeugte sein Engagement, die Vergangenheit friedlich zu überwinden. Etliche Protestierende wurden seinerzeit verhaftet, unter ihnen der „rote Danny", Daniel Cohn-Bendit[197], der später sogar Mitglied im Europa-Parlament wurde – einer der wenigen, die ihre Ideen auch witzig vertreten konnten.

Die heftige Reaktion des Staates auf demokratische Meinungskundgebung passte so gar nicht zu den Anliegen des Friedenspreises geschweige denn zu dem, was man an Martin Luther King schätzte.

Zu den bundesdeutschen Feindbilder, die wir Jugendlichen damals entwickelten, gehörte auch die BILD-Zeitung – und die Verantwortlichen haben alles in ihren Möglichkeiten stehende getan, das Negativ-Bild des BILD-Journalismus bis heute zu bestätigen. Ich teile die Einschätzung, dass ein weiteres Gewaltopfer jenes Jahres mit auf das Konto der größten deutschen Tageszeitung geht – was ihre Leser natürlich zu Mittätern macht. Die Rede ist von dem Anschlag auf Rudi Dutschke, den Studentenführer.

Revolte 68 in Deutschland: Dutschke

Eine Woche nach der Ermordung Kings wurde auch in der „BRD" ein Mordanschlag verübt: Der Hilfsarbeiter Josef Bachmann schoss am 11. April auf den Studentenführer Rudolf Dutschke. Die Kopfschüsse überlebte dieser nur knapp.

Dutschke, 1940 geboren, seit 1965 beim SDS aktiv organisierte Demonstrationen etwa gegen die aktuelle „Große Koalition", den Vietnamkrieg wie auch die „Notstandsgesetze". Zudem richtete sich die Kritik gegen die Generation der Väter, die nicht bereit waren, den Nationalsozialismus, in den sie verstrickt waren, ehrlich aufzuarbeiten. Innerhalb des Bundestages erkannten sie (auf ihrem Hintergrund zurecht) keine echte Opposition und bildeten daher eine außerparlamentarische Opposition (APO). Im Mai 1967 publizierten Dutschke und Co auf verschiedenen Wegen die Verbrechen von M.R.Pahlav, dem Diktator Persiens. Sie initiierten eine Demonstration beim Schahbesuch am 2.6.67, bei welcher der von der DDR instruierte Polizist K.-H. Kurras den unbeteiligten Studenten Benno Ohnesorg erschoss. Dies klärte die bundesdeutsche Justiz natürlich nie auf, bis nach der Grenzöffnung die DDR-Akten offen gelegt wurden. Mit Sitzblockaden versuchten Protestierende, von Dutschke motiviert, die Aufklärung des Verbrechens zu veranlassen und verlangten den Rücktritt der Verantwortlichen wie die Enteignung von BILD-Besitzer Axel Springer. Der Berliner Regierende Bürgermeister Heinrich Albertz[198], ein Pfarrer trat tatsächlich zurück, aber Axel Springer wurde

---

[197] Am Tag von Kings Ermordung beging er gerade seinen 23. Geburtstag
[198] Siehe Schoßwald, Da war doch wer…

nicht enteignet.[199] Zu den Sympathisanten[200] zählte auch der große Theologe Helmut Gollwitzer.

Die BILD, Sprachrohr von CDU und CSU diffamierten ihn wegen seines „ungepflegten Äußeres" – das hatte man Hitler ja nun nicht vorwerfen können. Noch dazu kam Dutschke aus der „DDR", die die BILD-Zeitung in Anführungszeichen setzte. Damit entwerteten sie ihn nochmals. Dass Franz Josef Strauß intensive Kontakte zu gleichgesinnten mächtigen Personen in der DDR wie Herrn Schalck-Golodkowski unterhielt und über diesen Millionen in den Sozialismus pumpte, war voll in Ordnung. Moralische Integrität kann man den Konservativen wirklich nicht vorwerfen.

Zwei Monate vor dem Attentat beleidigte F.X.Unertl (natürlich CSU) Dutschke als „ungewaschene, verlauste und verdreckte Kreatur". Wenn es um Moral geht, sind „ungewaschene, verlauste und verdreckte Kreaturen" vermutlich in der CSU immer noch in der – natürlich absoluten – Mehrheit, mit Schlips und Glatze.

Im Februar nahmen über zwölftausend Menschen an einer Demonstration gegen den Vietnamkrieg teil. Dabei rief Dutschke die US-Soldaten auf, zu desertieren. Es gab drei Tage später eine Gegendemonstration durch den Berliner Senat, auf der Transparente hochgehalten wurden mit dem Titel „Volksfeind Nr. 1: Rudi Dutschke". Ein offenbar ungewaschener, verlauster und verdreckter Passant wurde für Dutschke gehalten und man drohte, ihn totzuschlagen.

Wenige Wochen später informierte sich Dutschke vor Ort über den Prager Frühling, den die Russen dann im August in den Winterzustand versetzten. Doch vorher, am 11.4.68 wurde Dutschke auf dem Kurfürstendamm Opfer eines Mordanschlags mit zwei Kopfschüssen. Bei dem Attentäter fand man den Titel „Stoppt den roten Rudi jetzt" aus der NPD-Zeitung „Deutsche National-Zeitung". Aber im Hintergrund hatte auch BILD agiert: „Man darf auch nicht die ganze Dreckarbeit der Polizei und

---

[199] Der Musiker von „Ihre Kinder" Sonny Hennig erzählte, wie im Springerhochhaus mit dem Aufzug fuhr. In die Kabine stieg auch Ludwig Ehrhardt und, wie er später registrierte, Axel Springer ein. Als sie den abgefahrenen Typen sahen, wären sie am liebsten ausgestiegen, aber dann kam es doch zu einem kurzen Gespräch, wo sie merkten, dass der Deutschrocker ihnen nichts Böses wollte, aber absolut keine moralische Nähe zu ihnen finden würde. Axel Springer hatte vor Angst geschwitzt... Das gönnt man einem, der vielen Presseopfern übel mitspielte, wenngleich nur als Verleger und nicht als Journalist.

[200] Das wurde damals von den Konservativen, also den Reaktionären der BRD als Schimpfwort pervertiert. Kein Wunder, denn sie sympathisierten lieber mit den Alt-Nazis.

ihren Wasserwerfern überlassen" (2/68) Als Reaktion auf den Anschlag wurden das Springerhochhaus und Zeitungsfahrzeuge angegriffen. Wie schlimm waren doch die Linken! Ach ja, vielleicht als Hintergrundinformation: Woher kamen denn die Molotowcocktails? Die lieferte brav ein V-Mann des Verfassungsschutzes, P. Urbach. Selbst die Linken hatten nicht einfach bei Demonstrationen etwas zum Sprengen dabei, dazu brauchten sie schon die Unterstützung von Regierungsorganen.

Bachmann konnte man zugutehalten, dass er das Vaterland gegen linke Chaoten verteidigen wollte. Daher gab es nur sieben Jahre Haft. Dutschke, geprägt durch das Christentum, korrespondierte mit ihm, vergebend. Doch als Bachmann sich 1970 im Gefängnis umbrachte, bedauerte Dutschke, nicht intensiver mit Kontakt aufgenommen zu haben. Erst 1972 versuchte Dutschke, wieder in die Politik einzusteigen. Er diskutierte konstruktiv mit Gustav Heinemann über ein blockfreies, entmilitarisiertes Gesamtdeutschland. Öffentlich trat er erst 1973 wieder auf, bei einer Demonstration in Bonn gegen den Vietnamkrieg. Sechs Jahre später erlag er an Weihnachten den Folgen seiner Kopfverletzung.

Zur Ergänzung: Er wollte, dass Hunger, Krieg und Herrschaft abgeschafft würden – durch eine Revolution. Das begründete er christlich: „Christentum habe ich insofern bis zu meinem Abhauen aus der DDR nie als Staatskirche, nie als Herrschafts-Opium kennengelernt. Es ging immer darum, die Liebe und Hoffnung auf bessere Zeiten nicht untergehen zu lassen." So notierte er bereits 1964 am Karfreitag: „Jesus Christus zeigt allen Menschen einen Weg zum Selbst – diese Gewinnung der inneren Freiheit ist für mich allerdings nicht zu trennen von der Gewinnung eines Höchstmaßes an äußerer Freiheit, die gleichermaßen und vielleicht noch mehr erkämpft sein will." Noch ein Jahr vor seinem Tod erklärte er, er sei stolz darauf, „ein Sozialist, der in der christlichen Tradition steht" zu sein. In diesem Gespräch mit Martin Niemöller definierte er das Christentum „als spezifischen Ausdruck der Hoffnungen und Träume der Menschheit".

Brandt, Moderator im Ost-West-Konflikt

Aus unserer bundesdeutschen Sicht muss Willy Brandt genannt werden. Der Sozialdemokrat steht für eine Politik mit Idealen. Das verband ihn mit Martin Luther King. Religiös begann sein Leben anders als bei King. Geboren am 18.12.1913 verweigerte ihm der Ortspfarrer als „unehelichem" Kind die Taufe. So wurde er schon als Baby diskriminiert. Seine „konservativen" politischen Gegner von CDU/CSU warfen ihm das noch im Bundestagswahlkampf 1965 vor. Dabei sollten Christen wissen, dass auch Jesus ein uneheliches Kind war. Oder sind in der CDU/CSU keine Christen? Das erklärt einiges.

Dass Herbert Frahm seinen Namen zu Willy Brandt änderte ergab sich aus der Notwendigkeit, im Widerstand gegen die Nazis in den Untergrund zu gehen. Franz Joseph Strauß, sein BRD-Widerpart, hatte das natürlich nicht nötig, warf es Brandt aber vor.

In unserem Kontext fallen vor allem drei Sachen ins Gewicht. Zunächst war der Besuch von John F. Kennedy beim Regierenden Bürgermeister von Berlin 1961 ein Zeichen der Solidarität in der geteilten und geographisch isolierten Stadt. Die markanten Worte „Ich bin ein Berliner" gaben der Stadt einen Auftrieb und 1989 nach dem Mauerfall nahm Brandt am Brandenburger Tor darauf auch Bezug.

Bei seinem vorausgehenden Besuch bei Kennedy im Weißen Haus in Washington 1961 sprach dieser von „meinen liberalen Freunden" der „Americans for Democratic Action", zu denen Brandt am Abend ging und wo er dann Martin Luther King hörte, der von seinem Traum eines „America" ohne Rassentrennung sprach. Brandt lud ihn nach Berlin ein.[201]

1963 folgte King Brandts Einladung in die Stadt, die wie keine andere für die Teilung der „Welt" in Ost und West stand. Dass King bei dieser Gelegenheit in den Osten durfte, war eine besondere Wendung und Frucht der Gemeinsamkeit zwischen King und Brandt, Trennendes zu überwinden, auch wenn Hass provoziert wurde.

1970 reiste Brandt nach Warschau zum ehemaligen Kriegsgegner und Mitglied im Warschauer Pakt. Das Bild von Brandt, der am Mahnmal für den Ghetto-Aufstand in Warschau auf die Knie sank (7.12.70), ging um die Welt. Wenn der eigene Stolz überwunden, wenn ein Stück Demut demonstriert wird, kann ein Prozess in Richtung Frieden gelingen: „Entspannungspolitik" angesichts der verhärteten Fronten im Kalten Krieg nach dem zweiten Weltkrieg. Den Symbolgehalt können wir auch von der Person lösen und somit seine Wirkung stärker würdigen: Es gab tatsächlich Entspannung in der Beziehung zu Polen, der Sowjetunion und der DDR. Mit der neuen Ostpolitik setzte er sich auch in der neuen Bundesrepublik durch und avancierte zum nationalen Hoffnungsträger, der auch nach Kings Tod Visionen hochhalten konnte.[202]

---

[201] Brandt, Erinnerungen S.396
[202] Sein Parteifreund Helmut Schmidt meinte, wer Visionen habe, sollte zum Arzt gehen. Inzwischen wird über den Mangel an Visionen in der Politik geklagt.

Als King ermordet wurde, war Brandt bereits Außenminister der ersten Großen Koalition der BRD. Hier wirkte er stets Richtung Deeskalation. So erklärte er bei der Genfer Konferenz der Nicht-Kernwaffen-Staaten im September 1968, dass die BRD grundsätzlich weder den Besitz von Atombomben anstrebe noch über die im Lande gelagerten Waffen verfügen wolle. Immerhin sagte er dies kurz nach dem Einmarsch der Russen in Prag und hoch hervor, dass das Völkerrecht unantastbar sei, nämlich: Souveränität, territoriale Integrität, Gewaltlosigkeit, Selbstbestimmungsrecht der Völker und Menschenrechte.

12 Theologie der Hoffnung?

Kann Hoffnung veralten? Jürgen Moltmanns „Theologie der Hoffnung" von 1965 stieß weltweit auf großes Interesse. Hoffnung passte als Stichwort in jene Generation. Zugleich wurden in unserem Kulturkreis, zu dem damals die USA noch zu zählen waren[203] J.F.Kennedy, Martin Luther King und Robert Kennedy ermordet.

Deutschlands aufbrechende Jugend schockte die Erschießung von Benno Ohnesorg am 2.Juni 1967. Unbeteiligt wurde er ein Opfer reaktionärer polizeilicher Gewalt in einer Zeit, in der Nazis in den Strukturen von Polizei, Politik und Militär überlebt hatten – im Westen wie im Osten.

Der Mord an Ohnesorg spaltete das emotionale Potential der Hoffnung. Resigniert zogen sich Teile der Intellektuellen in die „Neue Innerlichkeit" zurück, während andere in militanten Widerstand übergingen. Blieb da noch ein Potential für Hoffnung?

Beim Festakt 70 Jahre „Barmer Theologische Erklärung"[204] in Nürnberg signalisierte ein vitaler Jürgen Moltmann: Die Hoffnung stirbt zuletzt... Gefragt, ob nicht das nachhaltige Desinteresse unserer Mitbürger an der doch wunderbar demokratischen evangelischen Kirche deren Überflüssigkeit signalisiere, erklärte mir der 88-jährige, dass es nur einen Weg von unten in eine lebendige Kirche der Zukunft gäbe. Das personelle Schrumpfen unserer Kirche konnte ihn nicht von seinem basisdemokratischen Weg abbringen.

Moltmann gehört zur Generation meiner Eltern.[205] Sie erlebten die messianische Ideologie Hitlers und ihren Zusammenbruch in Schutt und

---

[203] Es ist schwer, „unseren Kulturkreis" zu erkennen. Denn parallel zu der Trump-Unkultur in den USA gibt es bei uns die AfD mit ihrer Ignoranz gegenüber den faschistischen Gräueltaten.
[204] Siehe auch: Schoßwald, Dietrich Bonhoeffer
[205] geb. 8. April 2926 in Hamburg.

Asche.[206] Jugend im „Dritten Reich" bedeutete eine geistige Teilnahme an einem Staat, dessen Tyrannei durch weite Teile des eigenen Volkes getragen wurde. Die Kriegsgefangenschaft förderte Moltmanns Weg in die Skeptik. „Wir waren auch in der Tat gebrannte Kinder, die hinfort das Feuer scheuten…" Seine Heimkehr 1948 beschrieb er als ein Zu-Spät-kommen: In Deutschland herrschten schon wieder alte Namen und dominierten alte Beziehungen.[207]

Das „deutsche Wirtschaftswunder" ließ die böse Zeit leicht vergessen. Nachfragen gerade der inzwischen erwachsenen Kinder waren nicht erwünscht. Sie provozierten ein böses Licht, das auf die gefälligst zu verehrenden Väter und Großväter fallen könnte. Dazu gehörten die gefallenen Väter und Großväter, die glorifiziert wurden.[208] 1968 lag Stalingrad erst ein viertel Jahrhundert zurück und die Zeitzeugen in der Mitte ihres Lebens wollten darüber lieber nicht reden. Sie waren traumatisiert, wie die Mitscherlichs analysierten.[209]

Nota bene: Die deutsche Jugend begeisterte sich für anglo-amerikanische Rockmusik, konnte sich dabei aber nicht identisch ausdrücken. Zielgerichtet reagierten in Nürnberg Musiker um Sonny Hennig und Ernst Schultz wie der Bibelübersetzer Martin Luther, schrieben Rockmusik mit deutschen Texten und nannten sich „Ihre Kinder".[210] Durch den Namen bezogen sie Stellung zur Eltern-Generation. Sonny Hennig stammt übrigens aus Mühlhausen in Thüringen, jener Stadt, in der der große Visionär, Prediger und Bauernführer Thomas Müntzer wirkte.[211]

Ernst Schultz, der andere „Kopf" der Gruppe, erzählte[212] von seinem Anliegen, in der Musik auch Inhalte zu transportieren. Durch regelmäßigen Kindergottesdienstbesuch klar evangelisch sozialisiert wusste er viel

---

[206] Auch mein Vater, verzweifelt nach dem Untergang all seiner Ideale, fand dank reflexionsfähiger Pfarrer eine neue Heimat in der evangelischen Kirche. Möge sie sich dessen als würdig erweisen!
[207] J. Moltmann, Umkehr zur Zukunft, 1970, S.7ff. (dort auch die anderen Zitate)
[208] Als ich am Volkstrauertag 2013 in Schwabach als Pfarrer reden sollte, jubelte ein Youngster aus der FDP wie am „Heldengedenktag" die Kameradschaft in der Bundeswehr hoch. Der Vertreter des VdK und ich blickten uns bloß entsetzt an. Aber was will man von Karrierepolitikern selbst in der Provinz denn erwarten?
[209] Alexander und Margarete Mitscherlich, *Die Unfähigkeit zu trauern. Grundlagen kollektiven Verhaltens* reflektieren den „Umgang" mit Schuld, die aus dem Verhalten im Dritten Reich resultierte.
[210] Die Botschaften galten natürlich nicht dem Universum, sondern wir Teenager hörten sie für uns in unserem Kontext. Danke, Sonny Hennig und Ernst Schultz!
[211] Auch der junge J.S.Bach verbrachte ein Jahr dort und in der Müntzerkirche wurde Bachs Ratswahlkantate uraufgeführt, in gewisser Weise ein Politikum.
[212] Im „Palmengarten" in Gostenhof, als wir im Januar 2018 Überlegungen für einen Diskussionsgottesdienst zum Thema „1968 – Ideale und Hoffnungen" sondierten.

über Jesus, das er auch bejahte. Aber dabei erlebte er die konkrete Kirche nicht mehr als identisch. In der Lebensgeschichte wurde der Generationenkonflikt zur Bruchstelle. Durch die bilderreiche Sprache der Lieder von „Ihre Kinder" klingen immer wieder christliche Grundmotive. Jesu Botschaft erwies sich als tragfähiger als die konkret erlebbare Kirche, die trotzdem aus Schultz Sicht ihre profane Aufgabe erfüllt hatte, diese Botschaft weiter zu geben.

Während Moltmann in Kriegsgefangenschaft war, herrschte im Restreich eine ‚Trümmertheologie'. Nach dem Zusammenbruch suchte die Nation Gott als stabilisierenden Faktor. Diese Chance ließen die Kirchen sich nicht entgehen. „Die Kirchen installierten sich in einer ‚christlichen Gesellschaft' und gewannen mehr Einfluss auf Schule, Presse und Politik, als ihnen selbst gut war, denn sie wurden selbst mehr beeinflusst von den gesellschaftlichen Mächten und Interessen, als sie selbst dachten." Liebend gern benutzten führende Politiker jener „Ära Adenauer" die Kirchen als „nützliche Idioten", wie es Lenin bereits formuliert hatte.

Auf der Suche nach einer neuen Position fand Moltmann zu Ernst Bloch, dem aus politischer Sicht zwielichtigen Leipziger Philosophen[213]. Moltmann nahm Blochs „Prinzip Hoffnung" mit in den Urlaub im Tessin. Das Prinzip versperrte ihm die Aussicht auf die Schönheit der Schweizer Berge, aber in ihm selbst rumorte eine relevante Frage: „Wo ist der urchristliche Geist der Hoffnung in der heutigen Christenheit geblieben?" Bei der Suche nach Antworten wob er aus verschiedenen Denkbausteinen einen christlichen Teppich der Hoffnung, der stimmig war.

Diese DDR-Briefmarken bringen beides zum Ausdruck: Den netten Urwalddoktor wie auch den Vertreter für den Weltfrieden. Allerdings ließ Schweitzer sich nicht vereinnahmen, weder von den Nazis noch den Kommunisten.

---

[213] Er verteidigte die stalinistischen „Säuberungen" und pries Stalin noch zu DDR-Zeiten als einen „wirklichen Führer ins Glück". Das „Prinzip Hoffnung" hatte er allerdings nicht in der geliebten Sowjetunion geschrieben, sondern im US-Exil.

Dabei stieß er auf die ethischen Schriften von Albert Schweitzer[214], der 1964 verstarb. Mir begegnete Schweitzer im Theologiestudium durch seine „Leben-Jesu-Forschung", aber Moltmann entdeckte dessen Zugang zur Eschatologie. Der endzeitliche Charakter der Botschaft Jesu wurde durch Schweitzer für Moltmann zentral.

Der dreifache Doktor Schweitzer hatte den Messias noch vor dem Urwald neu aufgespürt, aber die Kirchen hatten diesen epochalen Geist verloren, als biedere kulturprotestantische Organisationen. Sie degradierten Schweitzer zum braven Urwalddoktor.

Für Moltmann bedeutete die Erkenntnis von Jesus als dem Antizipator der befreienden Zukunft Gottes seinem theologischen Durchbruch. Für ihn hieß das Vertrauen auf Jesus, dass die Hoffnung nicht die Augen vor den dunklen Seiten der Wirklichkeit (Kreuz) verschließt, sondern das Leiden sieht und dennoch an die Freiheit glaubt. Wenn es um Hoffnung geht, gilt die Erkenntnis des Paulus: sie muss beharrlich sein.

Dieser Beharrlichkeit und Rückbindung an Jesus wegen gelingt eine Theologie der Hoffnung nie als modische Attitüde. Nur so konnte sie in der theologischen Praxis der Beharrlichkeit auch über die 1960er Jahre hinaus Früchte tragen, gerade in den Volkskirchen, in denen der Zeitgeist nach wie vor eine mitunter übermächtige Konkurrenz zum Heiligen Geist ist. Ikonoklastisch wirkte daher Moltmanns „Der gekreuzigte Gott" mit einer für einen reformierten Theologen ungewöhnlichen Staurozentrik.

Der Tübinger Prophessor entwickelte seine Theologie im zeitgeschichtlichen Kontext von Martin Luther King. Am 23.7.68 hielt Moltmann eine Eröffnungsrede auf der "World Student Christian Federation Conference" in Turku (Finnland) unter der Überschrift: „God in Revolution"[215]. Er nannte King als ein hervorgehobenes Beispiel, warum sich Christen zu den Niedergeschlagenen beugen müssten, da er sich an die Seite nicht nur der Schwarzen, sondern auch der Armen stellte. Dabei behielt King auch die Weißen im Blick, die „unredeemed and enslaved by their pride and anxiety" waren, wie Moltmann ausführte.[216]

Moltmann hielt sich in Turku zurück, die Unterdrückten zu drängen, völlig auf Gewaltlosigkeit zu setzen. In seiner Heimat des Nationalsozialismus hatte die Gewissenlosigkeit regiert, der Todfeind gewaltfreien Widerstands. Er mahnte zur Vorsicht, gerechte gegen ungerechte Gewalt

---

[214] Siehe V.Schoßwald, Albert Schweitzer. Dessen gelebte und reflektierte Theologie ist einfach grandios, weiß ich als Erst-Jahrgangs-Schüler der „Albert-Schweitzer-Schule" in Schweinfurt.
[215] später „Religion, Revolution und die Zukunft"
[216] J.Moltmann, Religion, Revolution and the Future, S.142

auszuspielen. Wenn die Unterdrückten tatsächlich zu den Waffen griffen, müssten sie sich sehr vorsehen, dass sie nicht, an die Macht gekommen, selbst zu Unterdrücker würden.

Moltmann hielt diese Rede vier Monate, nachdem der Führer der gewaltfreien Bewegung durch Gewalt zu Tode gekommen war, also der Verlierer war. 1972 schrieb Moltmann in seinem Buch „der gekreuzigte Gott", die offenkundige Niederlage Jesu am Kreuz wäre nicht in jeder Hinsicht eine Niederlage. Die Auferstehung Jesu setzte den Machthabern ein mächtigeres Zeichen entgegen. Nachdem Gott selbst in die Niederungen gegangen war, sei es Aufgabe der Christen, für das kommende Reich Gottes Zeichen zu setzen. Moltmann nannte dies „Antizipationen".

Wort Gottes und Geist Gottes

Bei King klang das Wort Gottes anders als bei Martinus Lutherus. Dieser legte die Heiligen Schriften aus. Aber King brachte es direkt. Er zitierte Gott wörtlich aus der Zwiesprache. Der Mystiker löste dies nicht vom geschriebenen „Wort Gottes". Diesem hauchte er dadurch neues Leben ein. Bleiben unsere Mitglieder den Gottesdiensten auch fern, weil sie die Predigt nicht als Wort Gottes erleben?

כֹּה אָמַר יהוה konnte ich nur selten sagen. Als ich, mutwillig angegriffen durch Kirchenvorsteherinnen in Schwabach wagte, Gott als den Absender in Passagen meiner Predigt zu nennen[217], warf mir der anwesende Senior Anmaßung vor. Natürlich „klingt" es anmaßend, zu behaupten, Gott selbst hätte zu einem gesprochen. King zitierte Jesus wörtlich. Alle Propheten klingen „anmaßend", wenn sie „So spricht Jahwe" sagen. Resultiert das Misstrauen gegen den Heiligen Geist aus mangelnden eigenen Erfahrungen?

Wer Zwiegespräche mit Gott kennt, kennt auch Selbstgespräche und Eitelkeiten. Doch wenn jemand behauptet: Das ist alles Einbildung!, steht Weltbild gegen Erfahrung, nicht Wissen gegen Erfahrung.

Aus christlicher, speziell aus evangelischer Sicht verfügen wir über Kriterien. Die Kriterien, die King anlegte sind die Übereinstimmungen der Intentionen dessen, was der Herr sagt mit dem, was er laut biblischem Zeugnis sagte und lebte.

Unsere Kirche läuft im lutherischen Gehorsam Gefahr, alle Zwiesprache mit dem Heiligen Geist dem Teufel oder der Einbildung zuzuschreiben und Jesu Geist nur dann wirken zu lassen, wenn es nichts mehr nachzuweisen gibt: „Ubi et quando visum est" Ich überlasse Gott sein eigenes Wirken. ER ist per se autonom. Aber ich überlasse ungern Mitmenschen

---

[217] Die reale Erfahrung lässt sich zeitlich und räumlich verorten.

die Behauptung, Gott würde wirken, wenn die Wirklichkeit sich anders darstellt.

Wenn King predigt und schreibt, wie er mit Gott geredet hat und was der HERR zu ihm gesagt hat, dann ist das ernst zu nehmen. Wenn Theologen nicht mehr zulassen, dass Theologen mit Gott reden und Gott mit Theologen redet, dann… fehlen mir die Worte, denn es ist bodenlos. Gott sprach also mit King. Und King hörte.[218] Es konnten Worte des Trostes sein, aber auch Worte der Ermahnung.

Ein guter, weil weißer Mann gießt einer schwarzen Frau beim Sit-In ein Getränk über den Kopf...
  Demütigen macht Spaß...
  Wem?

In seinem Generationensong "Like a Rolling Stone" beschreibt Bob Dylan einen jungen Menschen:

"You used to be so amused at Napoleon in rags and the language that he used. Go to him now, he calls you, you can't refuse. When you got nothing, you got nothing to lose. You're invisible now, you got no secrets to conceal. How does it feel? To be on your own, with no direction home, like a complete unknown, like a rolling stone?"

Darin klingt die tiefe Hoffnungslosigkeit an. Vielleicht ergäbe sich ein Hoffnungsschimmer aus "wenn du nichts hast, hast du nichts mehr zu

---

[218] Die deutsche dialektische Theologie liebte das ἀκούειν für ihren Gehorsam. Wie deutsch! Denn gerade diesem theologischen ἀκούειν fehlte oft das zu hörende gegenwärtige Wort des hoffentlich auch außerhalb der biblischen Bücher lebendigen Gottes. Dazu formulierte Emil Brunner im Kontrast zu Barth ein paar zukunftsträchtige Gedanken.

verlieren...." Ein zeitgenössischer Songwriter formulierte in „Me and Bobby McGhee": „Freedom's just another word for nothing left to lose." Mystiker erkannten: Die Liebe Gottes kannst du nur spüren, wenn du nichts hast, was du ihm dafür geben kannst. King diagnostizierte bei Malcolm X stellvertretend für viele das Gefühl der „Nobodyness". Dahinein zielt die Liebe Jesu, weil sie keine Vorbedingungen will. Dies ist die Botschaft der Hoffnung.

13 Prophet und Mystiker

Unser Cantus Firmus hieß: „Was bewegte Martin Luther King, diesen Weg zu gehen und nicht zu verlassen." Die Antwort lautete: der Glaube an Jesus Christus. Dies ist kein statischer Glaube wie mein Glaube an die Schwerkraft oder den Urknall, nicht die schlichte Annahme eines gerechten Gottes. King suchte den Kontakt zu Jesus und dieser reagierte. King versuchte, nicht einfach den biblischen Weg zu gehen, sondern Jesus als den Weg zu verstehen: King ging ins Gebet und erlebte tragende Gemeinschaft, wie bei seinem Gebet in der Küche 1956.

Seine inneren Auseinandersetzungen notierte King auch in Birmingham. Am 12.April 1963 ging es in der Diskussion der Führungsspitze darum, dass ihr Gewährsmann für die notwendigen Kautionen Pleite gegangen war – durch die „weiße" Stadt Birmingham. Wer könnte schnell Fund-Raising betreiben? King mit seinen weitverzweigten Connections! Diese notwendige finanzielle Unterstützung für die ganze Bewegung könnte King nur auftreiben, wenn er nicht ins Gefängnis ginge.

King rang mit sich: Das Geld würde den Fortbestand der Bewegung sichern, sein Ausbleiben die Existenz der Bewegung in Frage stellen. Aber wenn er nicht ins Gefängnis ginge, ließe sich das nur schwer darstellen denen gegenüber, die sich darauf eingelassen hatten und denen er seine Gegenwart zugesagt hatte. Vierundzwanzig Leute um ihn warteten auf seine Entscheidung. Er erlebte die tiefste Stille, die er je fühlte, während noch 24 Menschen mit im Raum waren. „I was alone in that cowded room".

Er verließ das Zimmer und zog sich in die Einsamkeit zurück wie Jesus. In diesem inneren Konflikt musste er in kurzer Zeit eine Entscheidung treffen. Er brauchte Klarheit und bekam sie: „I thought of the twenty million black people who dreamed that someday they might be able to cross the Red Sea of injustice and find their way into the promised land of integration and freedom. There was no more room for doubt. I whispered to myself, "I must go."

Er berief sich nicht auf einen Befehl Jesu, sondern eine selbst zu verantwortende Entscheidung. Auch wenn der HERR dahinter stünde, müsste King sie ohne Fremdautorität verantworten.

Nachdem er den anderen seine Entscheidung mitgeteilt hatte, wandte er sich an Ralph Abernathy: „I know you have a need to be in your pulpit (Kanzel) on Easter Sunday, Ralph. But I am asking you to take this faith act with me."

Der göttliche Geist schien über sie zu kommen. Sie fassten sich alle an den Händen und sangen: „We Shall Overcome!"[219] Für diese mystische Erfahrung wählte er die Chiffre „Room 30".

Durchkommen? Stimmt! Dafür sorgte der Sänger Harry Bellafonte, der spontan die Kautionen akquirierte.

King erklärte, er wäre nie wirklich in Einzelhaft gewesen, da stets Gott mit ihm die Zelle geteilt hätte. Auch die Entscheidung in Birmingham am Karfreitag erlebten die Brüder als religiös: Gott war da, im Gaston Motel Birmingham, Room 30. Gott war auch in der Fifth Avenue, NYC, wo ein junger Star Tag und Nacht herumtelefonierte, um das Geld für die Kautionen in Alabama zusammenzubetteln.[220]

I must go! Gott führte King in der Stille zum Weg in die Öffentlichkeit und ins Gefängnis.

Führte Gottes Stimme ihn dann auch in den Untergang? Der grausame Vietnamkrieg[221] bewegte seine Seele. Er stellte Sinn und Berechtigung des Krieges öffentlich in Frage und verlor Freunde, schwarz und weiß. Er fragte sich, ob er auf dem richtigen Weg sei. Jesu Antwort hieß: „Martin, you have got to stand up on this. No matter, what it means!"

Doch seine Widerstände waren groß. Er ließ nicht sogleich auf den Auftrag ein. Es bedurfte eines äußeren Impulses[222] durch einen Artikel über das Leiden der Kinder in Vietnam. „Jetzt bist du gefragt. Niemand kann das für dich übernehmen!" spürte er. Wieder eine Weggabelung! Wieder gab ihm sein HERR die Richtung vor.

---

[219] Autobiography S.182f. Anschließend wurden die Demonstranten brutal verhaftet (Bull Connors). Coretta hatte kurz vor Kings Abreise das vierte Kind zur Welt gebracht. Immerhin erhielt sie einen tröstenden Anruf des US-Präsidenten (der war auch kein Heiliger; aber was für ein Kontrast für die Gegenwart).
[220] bewegend: ebd. S.186
[221] Höre: Peter, Paul and Mary: The cruel war is raging
[222] Albert Schweitzer erhielt seinerzeit auf der inneren Suche nach seiner Lebensaufgabe eine Missionszeitschrift mit einem Hilferuf aus Französisch-Äquatorial-Afrika und verstand, wo er hin zu gehen habe. (Schoßwald, Schweitzer, S.13)

King war kein Nobody. Er war Friedensnobelpreisträger. Mit Präsidenten hatte er Gespräche vereinbart. Wie konnte er sich im Vietnamkonflikt aus dem patriotischen Konsens seiner Heimat verabschieden. Er verstand, was die Fragenden bewegte. Traurig resümierte er, dass sie nicht einmal äußerlich wussten, woher er käme. „They seemed to forget, that before I was a civil rights leader, I answered a call, and when God speaks, who can but prophesy. I answered a call which left the spirit of the Lord upon me and anointed me to preach the gospel…"

Er war ein Mystiker, der die Stimme Gottes vernahm. Er wurde ein Prophet, weil er die Stimme Gottes vernahm. Ein Prophet sagt nicht die Zukunft voraus! Ein Prophet sagt, in welche Richtung Gott uns gehen lassen will. Dies artikulierte Martin Luther King zu den Themenbereichen Rassismus, soziale Gerechtigkeit und Krieg im Kontext der USA.

Im November 1967 verkündigte er in seiner Ebenezerkirche, er hätte einen Blitz leuchten sehen, er hätte einen Donner rollen hören. „I've felt sin breakers dashing, trying to conquest my soul, but I heard the voice of Jesus saying, still to fight on. He promised never to leave me alone, never to leave me alone. No, never alone. No, never alone."[223]

In seiner Predigt am 3. April 1968 meinte er, Leute bezeichneten ihn als Heiligen. Aber er sei ein Sünder. Doch er versuche, einen guten Weg zu gehen. Er träume davon, eines Tages werde eine Stimme zu ihm sagen: „I take you in and I bless you, because you tried. It was well that it was within thine heart."[224] Dies predigte er, als nähme es den Abschied von dieser Welt voraus und imaginiere sein Erscheinen vor seinem Herrn, der den neuankommenden Sünder segne…

Amen

---

[223] Autobiography S.344
[224] S.359

Mit und ohne Army-Look

Zum 50. Todestag: die Nürnberger Nachrichten

Epigramm

Wer gen Himmel schaut,
blickt über die Köpfe der Mächtigen hinweg.

Bruder Benedikt Reklov, Münster Schwarzach,
2. Februar 2018, Darstellung des Herrn

Historischer Auftritt: Martin Luther King wirkt am 28. August 1963 seinen Anhängern auf der Mall in Washington zu. Dort hielt er seine wohl berühmteste Rede mit dem legendären Satzanfang "I have a dream".
Foto: afp

Martin Luther King – ein Mann, der für einen Traum starb

Der schwarze Prediger und Bürgerrechtsaktivist ahnte seinen frühen Tod, der ihn vor 50 Jahren ereilte — Ein Prophet, aber kein Heiliger

VON MANUEL KUGLER

Das Lorraine Motel, auf dessen Balkon Martin Luther King Jr. erschossen wurde, ist heute Teil des nationalen Bürgerrechtsmuseums. Foto: Joe Raedle/afp

Claudia Mocek: Martin Luther King. Reclam, 100 Seiten, 10 Euro.

Literatur:

Armstrong Louis, Mein Leben, mein New Orleans, 1953
Armstrong, Louis, Satchmo, My Life in New Orleans
Berry, Chuck, The Autobiography
Brandt, W., Erinnerungen
Carawan, G.u.C., Sing for Freedom
Carson, C. (Hg.), The Autobiography of Martin Luther King, Jr. 2012
Dietrich, T., Martin Luther King
Ebert, Theodor Ebert, Bonhoeffer und Gandhi - Oder: Hätte sich der Hitlerismus gewaltfrei überwinden lassen?
Frieden - Friedensstrategien, Hg. P.Ackermann
Gandhi, "How to combat Hitlerism" in „Harijan",
King: Letters of Spiritual Counsel, ed. Theodore G. Tappert
Moltmann, J. Umkehr zur Zukunft
Moltmann, J., Religion, Revolution and the Future
Schoßwald, V., wir waren doch auf dem Mond
Schoßwald, V., „Rekrut am Rande eines Völkermords",
Schoßwald, V., Albert Schweitzer, Antizipationen des Reiches Gottes
Schoßwald, V., Bonhoeffer
Senghaas, D., Aggressivität und Gewalt, in: Aggression und Anpassung 1968
www.biblewatchman

Bisher erschienen von Volker Schoßwald:
Albert Schweitzer, denken, glauben, leben
Alles Dada? Dada ist wieder da
Allmacht: Ist Gott wirklich allmächtig?
Da war doch was…
Der singende Zimmermann, Bob Dylan in der Tradition der Weisheitsdichter
Die Sgt. Pepper Generation
Lucy, der Himmel und ich
Mein Name ist CoV-2, SARS-CoV-2
Rebellen der Reformation
Rekrut am Rande eines Völkermords
Toleranz und Fanatismus
The Beatles go Dada
Wer bin ich? Dietrich Bonhoeffer als Seelsorger und Zeitgenosse
Wir waren doch auf dem Mond